GERENTE EDITORIAL Roger Conovalov DIAGRAMAÇÃO Lura Editorial REVISÃO Gabriela Peres Mitiyo S. Murayama CAPA Lura Editorial	Todos os direitos desta edição são reservados à Lura Editorial. Primeira Edição LURA EDITORIAL - 2020. Rua Manoel Coelho, 500. Sala 710 São Caetano do Sul, SP – CEP 09510-111 Tel: (11) 4318-4605 www.luraeditorial.com.br contato@luraeditorial.com.br

Todos os direitos reservados. Impresso no Brasil.

Nenhuma parte deste livro pode ser utilizada, reproduzida ou armazenada em qualquer forma ou meio, seja mecânico ou eletrônico, fotocópia, gravação etc., sem a permissão por escrito da editora.

Dados Internacionais de Catalogação na Publicação (CIP)
(Câmara Brasileira do Livro, SP, Brasil)

Inspirações poéticas : antologia / organização Lura Editorial. -- 1. ed. -- São Caetano do Sul, SP : Lura Editorial, 2020.

ISBN: 978-65-86626-31-5

1. Antologia 2. Poesia brasileira I. Editorial, Lura.

20-48326   CDD-869.108

---

1. Poesia : Antologia : Literatura brasileira
   869.108

Aline Graziele Benitez - Bibliotecária - CRB-1/3129

organização de
Lura Editorial

inspirações
poéticas

antologia

lura

Apresentação

A o longo do ano de 2020, boa parte da população mundial ficou em isolamento, parcial ou total, devido à pandemia do novo coronavírus, também conhecido como Covid-19. As grandes cidades passaram a ficar nuas. As ruas se tornaram mais vazias, nas praças, ouvia-se o som de passarinhos, do vento agitando as folhas e galhos, de alguém cantarolando em um terraço de apartamento, ou das crianças brincando, ou brigando, dentro de seus cubículos, reféns da quarentena. Nesse momento, mais isolados, pudemos ouvir vozes internas outrora inaudíveis em dias agitados com nossas rotinas.

Muitos de nós passamos a nos expressarmos mais nas redes sociais, blogs e em grupos de Whatsapp. O isolamento social nos trouxe desolação e incertezas, levou à tona nossa fragilidade como seres vivos e na efemeridade da vida. Entretanto, nos fez lembrar de sentimentos como compaixão, serenidade e empatia. O ano de 2020 também foi um tempo de introspecção e, consequentemente, de inspiração para acolhermos uns aos outros, ainda que virtualmente. Inspiração de que dias melhores virão, de que nossa expressividade precisa ser materializada. E, por que não, ser gravada em um texto. Foi daí que surgiu a coletânea *Inspirações Poéticas*.

Inspirações de cada autor e autora, advindos de cada pedacinho deste nosso imenso, multicultural e pluralizado país.

Cada voz, compondo esse coral, cantará para você, através das páginas a seguir.

Desejo-lhe uma excelente leitura!

ROGER CONOVALOV
Diretor da Lura Editorial

Sumário

NÃO QUERO CRIAR UNICÓRNIOS 18
    Alexandre de Bem

SE A LUA FALASSE 19
O QUE DIZER DA AMIZADE? 20
    Ana Carla André

HOUVE UM TEMPO 21
    Ana Oliva

LENHA E FOGO 22
FLORES SECAS 24
    Ana Lúcia Flores Costa

EU SEM VOCÊ 26
A VIDA 27
    Ana Cordeiro

SUA DISTÂNCIA 28
VOCÊ PARTIU NUM DIA DE SOL 29
    Ana Rita Santos

AZEDOU 30
ESPINHAS DA VIDA 31
    André Amaro

INTEIRA 32
A GATA E O POETA 33
    André Deschamps

O CANTO DAS HORAS 34
PARTICULARIDADES 35
    Andréa Chiquini

NEM UM ADEUS EU PUDE DAR 36
    Andrea Frossard

ESSÊNCIA 38
ÓDIO OBSCURO 39
    Annanda Rocha

NÃO CORRA, NEGRO 40
JÁ VOU 41
    Antonio Carlos Lopes Petean

PLANTAR PALAVRAS 42
PARCIMÔNIA 43
    Bárbara Daniane Mendes Marques

PLANOS 44
AQUELE ANO 45
    Caio Vitor Marques Miranda

LETARGIA URBANA 47
    Carlos Lucena

ESTE ESPELHO 49
TODO DIA 50
    Cecília Torres

CONTRACORRENTE 51
QUERER 52
    Ceginara

SOZINHO NAS SOMBRAS DAS MEMÓRIAS 53
SER OU NÃO SER 54
    Christopher Rive St Vil

MISTÉRIO 55
CANÇÃO 56
    Cristina Godoy Cerqueira Leite

DESEJO REALIZADO 57
O AMOR SUBENTENDIDO 58
    Daiane Silva Santos

ÓRBITAS 59
    Dan Barsan

O SONHO DOS GUERREIROS 60
    Dany Borges

OLHOS PROFUNDOS 62
CARTESIANA 63
    Dani Raphael

OH! MEU NORDESTE QUERIDO 64
MÃE ÁFRICA 66
    Danielle Viana de Oliveira de Souza

NO BERÇO DA MATURIDADE 67
NO LEITO DA VIDA 69
    Débora Torres

NO BAR 70
REDUNDÂNCIA 71
    Dona Biscoitilda

ONDE ESTÁ? 72
DE PESSOA EM PESSOA À DIÁSPORA 73
    Edgar Gabriel

DE RELATOS 74
UMA CANÇÃO PARA TI 75
    Ednize Judite

MARFIM E ÉBANO 76
ALMA AMANTE 78
    Edvaldo Leite

AS FLORES E O COLIBRI 79
O OLHAR POR TRÁS DO OLHAR 80
    Ernane Bernardo

INTEMPÉRIE 81
QUERO LIVROS 82
    Eva Graça Brito

MEU QUERIDO AMOR! 83
A COR DO AMOR! 86
    Fabiana Zanela Fachinelli

A DANÇA BOÊMIA 88
    Fábio da Silva Sousa

HUMANO 89
RESSIGNIFIC[AÇÕES] 90
    Felipe da Costa Negrão
O BRILHO DE SOL E DE LUZ 91
    Fernanda Lícia de Santana Barros
NO MEIO DESSA PANDEMIA 92
    Flávia Valença Lima
A SAUDADE 93
UTOPIAS 94
    Geraldo Lago
5 MINUTOS 95
NUVEM E TEMPO 96
    Gilmar Rodrigues
AMOR NOTURNO 97
NA MADRUGADA 98
    Gisele Mai
PRISIONEIRO 99
O AMOR 101
    Gislene Camargo
O TEMPO EM ISOLAMENTO 102
    Iomara Larissa Luz de Aragão
EU SOU MULHER 104
EU, VOCÊ E ELES 106
    Iranete Viegas
Ô MEDO, Ô MEDO? 107
    Janeclay Alexandre
REFLECTE ENTÃO 108
MINHA INSUFICIÊNCIA 109
    Joana Mendes
QUARENTENA 111
COVID-19 112
    Jojo Campos

CÓRREGO URBANO 113
PANDA 114
   Joel Aleixo

CORONA 115
BELLE ÉPOQUE 116
   Jonas Marinho

VELHO 117
ROSA DO PERNAMBUCO 118
   Jonathan Siqueira Duarte

DIÁLOGO ENTRE COVEIROS 119
PARA MARIELLE FRANCO 121
   José Heleno Ferreira

O MUNDO É DAS MULHERES 122
VENENO 123
   J.P. Chamouton

FACES 124
ACASO 125
   Juliana Inhasz

PODER FEMININO 126
FINDO AMOR 127
   Juliana Pio

CIRCULARIDADE ALQUÍMICA 128
DEUS-A MULHER 129
   Karollen Araújo Potyguara

UM POEMA AOS ANJOS 130
ORVALHOS DE INFÂNCIA 131
   Katarine Carvalho

POESIA DE UM CEGO 132
ÚNICO 133
   Laelder Rodrigues de Souza

MENSAGEM AO POETA (DE SEU ANJO DA GUARDA) 134
INFÂNCIA 135
   Lecco França

A/MOR/TA 136
O MONSTRO DA DESILUSÃO 137
   Leonard Lemor

VERTIGEM 138
VALE DO JEQUITINHONHA 139
   Lillian Melo

MOMENTO 140
ABANDONO 141
   Luciana Alvim

FEITA DE LOUCURA 142
PLANO INFALÍVEL 143
   Lu Sousa

POEMA ÁRIDO 144
ÁTIMO 145
   Luiz Juvencio Cardoso Quaglia

SEMPRE 146
   Madson Milhome

PODER DO SENTIMENTO 147
FLOR DA MINHA VIDA 148
   Marcos José de Vasconcelos

FISSURA NO ESPELHO 149
O ESPELHO E A FONTE 150
   Marcos Rodrigues Aulicino

E A MINHA LIBERDADE, ONDE ESTÁ? 151
ROTINA 153
   Maria Aparecida de Sousa Cardoso

CAFÉ 154
CICLO SEU 155
   Maria Clara Junqueira

INFÂNCIA 156
DOCE MOMENTO 157
   Maria José Oliveira

SAUDADES 158
MULHERES 160
    Maria Leide da Silva Lima
EPÍLOGO 161
O HOMEM CINZA 162
    Marília Araujo
CARTA PARA UM GAROTO INFELIZ 163
QUARENTENA DE ESTRELA 165
    Marília Navarqui
MOMENTOS DA VIDA 167
TARDES DE COSTURAS 168
    Marlene Godoy
LOBO EM PELE DE CORDEIRO 169
ESCOLHAS 171
    Milene Colin
ODO NNYEW FIE KWAN 172
UBUNTU 173
    Mônica Monção
ESTADO DE CALMARIA 175
    Nanci Otoni Oliveira
LABIRINTO 176
NOS NÓS DE NÓS 179
    Natalha Muniz de Andrade
LIMIAR 181
SINGULARIDADE 182
    Nelson Luis Santander
PROIBIDO ABRAÇO! 184
VIDA EM ROTEIROS 185
    Nilson Rutizat
CAMINHOS DE MIM 186
O TRAFEGAR DA VIDA 187
    Patrícia Matos
FENOMENOLOGIA DO SEU COBERTOR 188
TENHO SEDE 189
    Paulo Victor Zaquieu Higino

RETRATOS DE ANTIGAMENTE 190
LEMBRANÇAS 191
  Pérsida P. da Silva

QUANDO TUDO ISSO PASSAR... 192
  Priscila Cruz

POMAR DAS LETRAS 194
UNIVERSO 195
  Priscilla Pavan

VERANEIO CONCRETO 197
  Rafael Andrino Bacellar

OUTDOOR 198
  Rafael Montoito

SOBRENATURAL 199
SEM PANOS, SEM LENÇOS 200
  Raquel Pereira Carvalho

AMO-TE AGORA 201
  Rebecca Ann Norton

ANDAR COM OS PÉS NO CHÃO 203
UM CANTO DE LUZ 204
  Regina Chaves

O PODER DA ARTE 206
É O AMOR! 208
  Rejane Luci Silva da Costa Knoth

VÁCUO 210
GRAMA(R)TICA 212
  Renata Oliveira Almeida Menezes

CAIS 214
COMEDIMENTO 215
  Renato José Bicudo

AQUARELA DO CERRADO 216
  Renato Bueloni Ferreira

NÃO POETA, A DOR 217
NUNCA, 1964 218
  Ricardo Afonso-Rocha

ESPELHO 219
NIETZCHE MORA EM MIM 220
    Rodrigo Locura
A PALAVRA-FACA 221
ÁGUA DE COCO 222
    Ronaldson
RIOZINHO 224
MELANCOLIA 226
    Rosa Paz
CONTOS E CANTOS 227
SEMENTE 229
    Roziele Oliveira
DO TRIGO AO PÃO 230
O LUGAR 232
    Sérgio Newlands
LEIO-ME 235
E MESMO ASSIM... 237
    Silva, M.F.
DESCONHECIDA..238
FUNDIRAM-SE 239
    Solange Rabelo
SILÊNCIO 240
GRIOT 241
    Sheila Martins
FALTA 242
DIA DE FESTA 243
    Tainã Rosa
DESPERTAR...244
SEXO FRÁGIL..245
    Talita Coelho
NOS FIOS ÓTICOS 246
    Tânia Luíza Ribeiro de Cerqueira
O VENTO DO MEU AMOR 247
AS FLORES 248
    Tanja Viviane Preissler

PANDEMIA I 249
PANDEMIA II 250
Tássia Hallais Veríssimo

CONTAS DE ORAÇÃO 251
ESPINHO NA CARNE 253
Tauã Lima Verdan Rangel

DESORDEM 254
COBERTOR 255
TSS

ORAÇÃO 256
A ESPERA DO AMOR QUE CHEGA 258
Thais Vitoriano

VIVO ASSIM 259
REFLEXÕES CELESTES 260
Thiago Fernandes Rodrigues

A CHUVA, O ROUXINOL E O SOL 261
FÉ 262
Vander Lima

PARADA OBRIGATÓRIA 263
PROVOCAÇÕES 264
Vanessa Barbato Rodrigues

SOBRE O PRÍNCIPE, O PEQUENO 265
Vanda Medeiros

RECLUSO 266
PARKINSON 268
Vanessa Juliana da Silva

MÃE NÃO MORRE 269
CANÇÃO SELVAGEM 270
Vânia Perciani

AMPULHETA 271
NUVEM CINZA 272
Vitor F. M. de Morais

TER SEM SENTIDO 273
UMBIGO 274
   Wesley Lyeverton Correia Ribeiro

O POETAR DA INSPIRAÇÃO (SONETO) 275
FRAGRÂNCIA DO AMOR (POEMA) 276
   Willame Coelho Alves Filho

QUEM DERA! 277
PROCURANDO VERSOS 278
   Zenilda Ribeiro da Silva

Não quero criar unicórnios

ALEXANDRE DE BEM

Aquele sonho realizado de ter uma empresa de sucesso. Uma grandiosa startup de um bilhão de dólares e muito mais. Muito mais. Muito mais. Mais. Ainda mais. Não para, bota mais e mais. E agora? Marquei o meu nome na história, na histeria, na hipnose com a grande habilidade de encantar homens e honras. Agora sou um herói de uma geração, hoje cantam os meus hinos. Herdaram o meu legado, pesquisam os meus hábitos. Mas, honestamente, não consegui uma saída honrosa, ficou um hiato. Que horror. Mudaram as hemácias, espero a heroína nossa de cada dia. A felicidade hibernou. Sobram hematomas. Estão me trocando do hospital para o hospício. Oba! Venci.

Se a lua falasse

ANA CARLA ANDRÉ

Se a lua pudesse falar,
Contaria para o mundo
Das noites estreladas em que
Navegamos.
E das canções que entoamos
E de todas as glórias das nossas
Vidas.
E os marinheiros saberiam
Onde cantam as sereias
E por onde elas vagueiam
Nas lindas noites de luar.
Ahhh... Se a lua pudesse falar...
Eu conversaria só com ela
E não seria a minha sina
Ficar olhando para cima
A observá-la da janela.

O que dizer da amizade?

ANA CARLA ANDRÉ

Alguns poetas a retratam
Como a ponte do infinito
Do sentimento mais bonito
Que no peito é guardado.
Outros a têm como um elo
Entrelaçando as mãos
Tornando o feio em belo
Unindo os corações.
Se perguntares da amizade
Qual a minha opinião
Fico com Provérbios 18:34
Sendo nele retratado
"[...] Há um amigo que é mais chegado
do que um irmão".

Houve um tempo

ANA OLIVA

Houve um tempo em que eu queria um olhar,
Hoje prefiro a companhia de um sorriso.
Houve um tempo em que eu preferia o recheio,
Hoje prefiro a bolacha.
Houve um tempo em que eu preferia o miolo,
Hoje prefiro o pão.
Houve um tempo em que me sentia grande para um colo,
Hoje prefiro ele ao abraço.
Houve um tempo em que eu preferia colegas,
Hoje prefiro amigos.
Houve um tempo em que eu queria fugir e desaparecer,
Hoje prefiro ficar e fazer a diferença.
Houve um tempo em que eu chorava até dormir,
Hoje as lágrimas ninam-me até que eu caia no abismo do sono.
Houve um tempo em que eu preferia você,
Hoje só quero a mim mesma.
Houve um tempo em que éramos plural,
Hoje sou só eu, num reduzido singular.
Houve um tempo em que eu acreditei no amor,
Hoje não tenho mais certeza.

Houve um tempo... há muito tempo.

Lenha e fogo

ANA LÚCIA FLORES COSTA

Descobri na poesia e nas páginas
Daqueles inesquecíveis
E suaves poetas de outrora
O desejo de mulher nas palavras
Estonteantes
E sedutoras que deles extraí calafrios.
Levando-me à loucura do coito
Que arranca de mim um cheiro
Embriagante
De um perfume raro nas páginas de
seus livros
Tornando-as meu leito, onde me recolho
E me
Resguardo da ausência do meu amado
Onde no labor da vida
Traz-me suspiros
Em nossos olhares distantes
Onde paro de ler, agregando novas
Escritas em
Novas páginas como esta
Para resistir ao deleite da distância
Que entre meu teclado e meus dedos
Me consomem e apagam com novas
Palavras, disfarçando o desejo
De tê-lo aqui comigo.
Respiração ofegante prenunciando

Sua chegada que noite adentro se fará
Mas que só o encontrarei ao meu
Lado em outra página
Numa outra escrita
Fiel e sem a cumplicidade das palavras
Que aqui
Rasguei e impregnei de nós dois para
Guardar
Seus pedaços num envelope para
Depois
Juntá-los e escrevê-los novamente
Na presença da lenha queimando no
Fogo do nosso amor.

Flores secas

ANA LÚCIA FLORES COSTA

Vou percorrendo o caminho
E ao vento levo comigo um cesto repleto do
Tempo presente, muitas rosas coloridas
Por onde passo, todos sentem seus perfumes
Com o cheiro da relva
Da selva
Do ar
Do toque da essência que suscita suspiros
Permeados de agradáveis e sutis fragrâncias
De estontear o interior daqueles que vêm de
Encontro a mim.
Quanto mais rosas eu espalho
Do suor
Da dor
Da entrega
Do olhar inebriante
Nos olhos cansados
De ver quão eram seus suspiros
Diante deste gesto
Terno e puro que ao refazer o caminho
Com um cesto de palha, voltei para
Recolhê-las e fazer um lindo arranjo
No interior da minh'alma
Perplexa fiquei em ver o quanto haviam se
Desbotado

Foi ensurdecedor o vento tentando arrancá-las
Das minhas mãos
Mas aos poucos juntei uma por uma e
Mesmo não mais coloridas
Reconstruí com elas um arranjo num vaso de
Talha quebrado ao meio
E as coloquei sem água
Sabia que elas não brotariam mais
Insisti e ao lado do vaso
Coloquei-as em molduras antigas
Deixei o ambiente repleto com o perfume da
Lembrança
Que me causa suspiros de enxergar nelas o
Olhar
A relva
A selva
O ar
E o quanto havia esquecido
Do jardim que eu havia colhido
As rosas que hoje encantam meu olhar
De contemplação
Em saber que meu jardim hoje
Está regado com o perfume da poesia
Que a saudade de mim
Esqueceu
Que eu também
Estou na moldura das fotos passadas.

Eu sem você...

ANA CORDEIRO

O que são meus versos
Sem você?
Será um sopro de ilusão
Sem um mormaço de inspiração?
O que sou eu sem você?
Serei espera infinita
Que grita e se agita
Nessa roda-viva
Chamada vida?
Ou quem sabe...
Sou a calmaria do mar
Após avassaladora tempestade?
Ah! Quanta incerteza
Envolvendo e corroendo
O âmago do meu ser
Será assim
Eu sem você?

A vida

ANA CORDEIRO

A VIDA é a alegria
Da chegada
Mas também a tristeza da partida

É cor vibrante
Que desponta no horizonte
Iluminando os montes

A vida é a grande oferta
Para a festa
Sem se importar
Com as horas que, faceiras,
Não perdoam
E sem demora vão embora

Também pode ser tela desbotada
Inacabada
Abandonada
Contendo nada...

Pode ser um mar revolto
Lutando contra si próprio
Alheio às transformações
Teimando em se arremessar
Sempre em busca da perfeição!

Sua distância

ANA RITA SANTOS

Eu já me acostumei com a sua distância
Com o vazio das suas ausências.
Sua voz nunca disse um adeus!
Os anos passaram
e o seu rosto abandonou a nossa história.
As horas longas já não pesam tanto.
Feliz Ano-Novo, não escuto mais.
Às vezes, você esboça um sorriso
Perdido na lembrança
E eu acho que está na hora
De dizer adeus.

Você partiu num dia de sol

ANA RITA SANTOS

Você partiu num dia de sol colorido
Deixou o mundo quieto
Recolhido diante da solidão.
A tua ausência anoiteceu muitas vidas
A lua não quis brilhar
E o mar escondeu suas ondas.
Como prosseguir se o sofrimento é constante?
Como cicatrizar as feridas recentes?
Olho para a neblina da estrada!
Uma pequena luz amarela surge inesperadamente.
Um farol aceso no carro ao longe
Me faz seguir em frente.

Azedou

ANDRÉ AMARO

Azedou.
Mais um leite que talha.
Foi tua mão de vinagre ou o meu pingo de mel?
Foi meu lacto*vacilos* ou teu fogo de palha?
Deus do céu!
Fala!
Que foi dessa vez?
Não me olhe com esse gosto de molho inglês na boca.
Esse corte na língua é de fábrica?
Ou da páprica picante do teu palato?
Se te seco a garganta, não seria a tua saliva oca?
Sinceramente, não entendo o teu destrato.
E essa voz que te coalha no lamber do limão, isso é certo, isso é fato, me crava no peito
Uma faca de fio cego.
Já sei
A minha evidência é a tua irritância
E se crio desafetos com a mesma deselegância da tua falsa ternura,
É porque no meu sangue trufado
Não cabe o fermento das tuas desatenções
Nem as provocações do teu longo enfado.
Então deixemos assim:
Faço meu caldo à margem do teu destempero.
E espero do tempo a cura
Ou a fervura do fim derradeiro.

Espinhas da vida

ANDRÉ AMARO

Esta noite um par de espinhas me abriu no rosto uma juventude monstruosa.
Trouxe de volta a casa mal-assombrada dos hormônios.
Rangeu porta
Acendeu velas
E subiu pelo talo das rugas até a sala de espelhos para sibilar pavor.
Sim, ela veio esta noite:
Uma puberdade dos demônios
Reincidente
Multiplicando nas dobras da pele a sua geografia sem pudor.
Ardeu febre
Gemeu dor
E veio assim na penumbra do sótão
Arranhando seus raios de luz nas paredes grisalhas desse caminho de horror.
Acendeu fé
Acendeu cor
E nesse susto fúnebre da noite,
Parece que um halo do corpo despregou:
Minha vida passada no tempo,
Mais cava e profunda,
Mais cega de amor.

Inteira

ANDRÉ DESCHAMPS

Você não é
minha cara-metade

Você não é
a outra metade
da laranja

Quero você
toda inteira

Cara e coroa
casca, suco, bagaço
oração, sorriso, amasso

A gata e o poeta

ANDRÉ DESCHAMPS

Ela olha para mim
convicta de ser compreendida.
Eu, encurralado
por seus incansáveis
olhos verdes,
abro a torneira.

Mais do que a sede saciar,
necessita contemplar
o mover da água,
o fluir no mármore
do mesmo líquido
que aí descia
ontem, anteontem,
hoje.
E se aproximar
E se afastar.

Eu também
necessito
contemplar,
sair para entrar,
beber antes de beber.

E ela bebe
e salta
de volta
para seu
sono.

O canto das horas

ANDRÉA CHIQUINI

Sabiá canta solto no pomar.
Passarinho canta na gaiola.
Passarinho preso olha para mim através da grade.
Mundo tão pequeno, o de pular de um poleiro para outro,
De outro para um poleiro, e assim vão
o dia
as horas
a vida.
Mas nasceu na gaiola, não sente falta!
Asas sem uso, observa os outros pássaros. E canta, feliz (?)
O vento balança a gaiola
E balança as folhas das árvores.
E o céu infinito, se vê assim circunscrito.
Como é pequeno, o céu de um passarinho...
Asas sem uso, lá se vão
o dia
as horas
a vida inteira
a observar
o sabiá que canta no pomar.

Particularidades

ANDRÉA CHIQUINI

Sou única, me defino assim.
Parte de mim é amor, a outra é saudade, sabe-se lá de quê...
Amor transbordante, não cabe no peito, vai para o papel
Taça que transborda, vinho encorpado
Delícia de tarde, água do chuveiro
Parte de mim anda descalça, a outra não desce do salto
Salto de banda quando mister se faz
Salto de agulha, danço sozinha no salão
Parte de mim quer viver com os pés no chão
A outra insiste em viajar de balão.
Balões de gás hélio, o limite é o céu
Quem conhece essa mulher?
Quem ousa conhecê-la...
Quem ousa pretender o seu amor
Mulher, senhora, senhorita
Única, diga-se de passagem.

Nem um adeus eu pude dar

ANDREA FROSSARD

INDOCUMENTADOS

Ele buscou o ar para respirar com dificuldade. Depois de muito insistir, não conseguiu.
Ausência de caminhada fúnebre, apenas o silêncio
Na vala comum como um indigente
Uma foto perdida sem despedida

LEMBRANÇAS NO BAÚ

Madrugada
Silêncio
Mato
Estrelas
Cansaço
Lembranças doces guardadas no baú
Lá está você
Novo contrato
As diferenças e semelhanças na balança
Perto e longe
O tempo passa
O baú é fechado e reaberto
O seu rosto
A sua boca
A sua fala mansa
Ônibus na estrada
Motorista para
Ela mirando as estrelas
O baú na bolsa rosa
Leve e delicado, quase juvenil

OBSCURANTISMO

O predomínio de um sentimento coletivo de opressão
O incessante desejo de morte das palavras soturnas
Todos engasgados
O silêncio impactante na sombra
Em todos os andares a presença do medo
Apenas o presente

OS INVISÍVEIS

As marquises molhadas, pratos sujos, úlceras tórpidas
De esquina em esquina, almas de rua, sem lenços e sem documentos
Seguem resistentes, persistentes, fétidos na chuva, gritam, incomodam
Outro dia denuncia
Abandonos, carências, sem lei, cheiram cola
Adormecem, enlouquecem, não incomodam, morrem.

MORTE SOLITÁRIA

Choro em ponta de faca
Uma dor em dose única
Consolação sem consolo
Em expiação
O invisível visível
O indigente fabricado
Lenço branco na mão direita
Adeus sem testemunhas

Essência

ANNANDA ROCHA

Tá tudo uma grande bagunça!
É que tenho que me adequar,
Até onde deveria me encaixar perfeitamente!
Precisava ser quem sou,
Num lugar onde nada tá "bom".
Mas é completamente chato, irritante
Ter essência interminante,
De uma aura cativante.

Possivelmente terei que me esconder.
Deixar bem guardadinho meu
Coração miudinho.
Capaz de guardar
Imensidões que ninguém jamais
Teria que por isso dar sermões.

Não faz ideia da minha bondade.
Mas eu desisti de verdade!
De tentar agradar.
Recebendo palavras capazes
De simplesmente me machucar.

Ódio obscuro

ANNANDA ROCHA

Eu posso ouvir bem?
Você acaba comigo!
Não te faço bem?
Por todas as vezes que tentei te ajudar
Tive que me esforçar.
Mas agora você jogou as cartas na mesa.
Estou prontíssima para esse jogo
Enfim, acompanhar.

Seu momento de raiva pode até passar.
Mas o desabafo que saiu da sua boca foram tiros.
Acabaram de me matar.
Isso foi pior até que uma surra.

Eu poderia fingir que não ouvi.
Mas assim como você, eu também explodi.
Ouvi tudo e respondi.
Não significa que algum dia vou esquecer o que tá acontecendo
Bem aqui.

Se apenas está num dia mau.
Guarde para você todo o seu ódio infernal.
Não serei obrigada a aguentar isso tudo.
Algum dia estarei no modo mudo.
Onde não ouviram a minha voz.
Nesse ódio obscuro.

Pode esquecer esse dia.
Mas nunca sairá da memória.
O dia em que o ódio obscuro tomou conta de suas palavras.
Despejadas com puro ardor da raiva entalada em sua garganta.
Onde a compaixão foi completamente esquecida.

Não corra, negro

ANTONIO CARLOS LOPES PETEAN

Atrasado para o trabalho...
então corra, negro,
senão o moderno feitor...
mas não corra para pegar o ônibus,
não corra da chuva,
não corra atrás da pipa,
e assim...
não corra e não morra,
mas se for atingido,
e for pedir socorro,
saiba que o asfalto é surdo
ao seu grito de dor e a todo esse horror
Então... apenas reze ao pé do morro
pois só lá... alguém lhe dará atenção
e uma caridosa bênção.

Já vou

ANTONIO CARLOS LOPES PETEAN

Nem bem cheguei
e parto
como vim

Finquei raízes
e as arranco
me (DES) RAIZANDO.

Criei
laços
e os desfaço

Depois dormi
e não
me refaço.

Acordo
e parto
e me reparto
em pequenas migalhas
que sangram

Plantar palavras

BÁRBARA DANIANE MENDES MARQUES

As palavras são como plantas,
Algumas são doces e dão frutos,
Outras são azedas, mas, às vezes, necessárias.
São espadas para vencer batalhas!
Algumas são bonitas, mas só servem para enfeitar.
Cuidado com as espinhosas e tóxicas!
De longe dá para olhar.
Algumas se ramificam rápido.
Outras, para desenvolver
Precisam
De anos
À frente...
As que curam
São remédios
Para os doentes.
E com todas elas bem utilizadas ninguém pode.

Parcimônia

BÁRBARA DANIANE MENDES MARQUES

Venha viver no meu seio
Que eu creio
Ser o meio,
O caminho

É o ninho
Passarinho
Se aconchegar...
Ver o mar
E amar
Em pleno luar

Sinta, meu bem,
O meu gosto
Ocioso no vácuo!
Os nossos corpos tão perto...
Não é certo!

Não é certo viver tão sozinho.
Dê sua mão,
Vem amar
E viver no ar.

Veja, é tão linda a Lua...
Vive nua.

Parcimônia,

Vai dar tudo certo...

Planos

CAIO VITOR MARQUES MIRANDA

Planos
Que eu gostaria de fazer
Igual aos meninos da sala.
Pegar geral e ser conhecido pela beleza.
Queria ser convidado para as festas de quinze anos
Dançar uma valsa com alguma menina
Mas os meninos
Me diziam que eu tinha uma voz feminina
Eu não entendia
Ou não queria entender
Um dia, beijei na boca a Maria
Depois de tanto falar que eu queria e
Os meninos, escrotos, me bateram
Falando que eu era marica

Aquele ano

CAIO VITOR MARQUES MIRANDA

O mundo parou
O povo sumiu
O trabalho aumentou
A conta chegou
Mas o salário caiu.
E agora, Maria?

O papa pediu
A Itália não ouviu
O país sofreu
E a cova não deu
E agora, Silva?

A OMS implorou
Estados Unidos ouviu
Tentou
Mas se ferrou
E agora, José?

Vai sair na rua
Fazer compras
Dar uma de científico
Ouvir o presidente
Colocar pessoas em risco
Crer que é tudo exagero da Globo

E fazer carreata aos domingos?

Você é burro?
Não seja, meu amor,
Não seja egocêntrico
Não seja ignorante
Não seja duro
Não seja alienado

Seja nós
Seja amanhã
Seja empático
Seja um sábio que soube ouvir os sabiás sábios que prezam por um mundo
melhor!

Letargia urbana

CARLOS LUCENA

A tarde cai
Sobre a praça de bancos solitários.
Um bêbado passa
Andando sobre pernas bambas.
Um cachorro magro e faminto
Bufa sob uma árvore inerte.
Um menino come um sanduíche pelo nariz
Enquanto uma vaca
Se delicia numa lixeira
E um cavalo satisfeito
Evacua seus dejetos sobre uma calçada
Ao mesmo tempo
Em que sopra um vento do norte
Que se mistura ao odor do esterco
De perfume estranho diluído no ar.
Um gato dá voltas
Sobre a avenida de uma parede
Enquanto o sol cai no poente
Anunciando as estrelas.
Um besouro barulhento
De motor estridente
Perturba meus ouvidos
Enquanto uma coruja pia
Saindo da coluna
De uma cruz em riste.
Meus olhos contemplam a paisagem

Da cidade entorpecida
Pela solidão letárgica do ocaso.
Vejo apenas
A vaca
O cavalo
O menino
O gato
A coruja
E eu, sob o viaduto.

Este espelho

CECÍLIA TORRES

Este espelho que me olho
Desapareço
Me perco na cilada do tempo
Evaporo
Em gotículas de medo
No avesso
Não adianta o lamento
Ignoro
Lágrimas rompidas
Ao vento
Vidas sofridas
Me revolta
Vidas sofridas
Ao vento
Lágrimas rompidas
Ignoro
Não adianta o lamento
No avesso
Em gotículas de medo
Evaporo
Me perco na cilada do tempo
Desapareço
Este espelho que me olho

Todo dia

CECÍLIA TORRES

Levava no bolso traseiro
O pagamento em dinheiro
Ia dar para ajudar uma ONG
De crianças abandonadas
Deparou-se com o ônibus
Descendo a ladeira na contramão
A moto ficou debaixo da roda
Mais uma vida acabada
Todo dia passa na TV
Mortes na cidade SP

Contracorrente

CEGINARA

Eu me vi compulsivo, aflito, intempestivo
Depois que você habitou meu pensamento
Infiltrou-se em meus questionamentos
E possuiu-me em sonhos, fantasias e devaneios
Eu juro que tentei extirpá-la
Tirar de mim esse querer sufocante
Simplesmente eu não queria sentir mais
Temendo o estrago do qual só você foi capaz
Porque, ao reconhecer esse sentimento
Ingrato, devastador e inconsequente,
Tornei-me miseravelmente impotente
Sem forças para lutar
Impossibilitado de me libertar
Por isso, agora estou entregue
Corpo, coração e mente
Nessa via própria
Onde o amor não apenas pulsa
Ele transborda
Dando-me a certeza de que tudo passa
Menos você

Querer

CEGINARA

Quando a garganta rasga
A emoção salta
O pulo entre aceitar e agir
O grito para estar aqui
O que depende de mim?
Teu cheiro
Teu beijo
Não tem para onde correr
Só há o querer
E eu estou aqui
Então
Se aproxime
Aninhe-me
E beije-me como se não houvesse amanhã
Porque quero tudo de ti
E não temos mais tempo a perder

Sozinho nas sombras das memórias

CHRISTOPHER RIVE ST VIL

Quando a tempestade bateu, o tempo fechou
O vento arrastou e a chuva levou,
O terremoto destruiu e as lágrimas escorreram,
O choro soou e as pessoas se desesperaram,
Tornei-me, assim, o homem da casa. Precisamente, *Ti Restavèk la*.

Tic-tac tic-tac bum,
Stop vida perturbada! Sofro demais.
Sozinho, torturado, humilhado e instável emocionalmente.

Quando foram embora,
O tratamento passou a ser diferente,
A morte já tinha batido na porta,
A vida cruel já me esperava,
Não jogava mais bola, não tive mais as refeições,
Tornei-me, forçadamente, dono de casa.

De manhã, no sereno, só água fria na cara.
De tarde, no brilhante sol, só carriola na mão.
Sozinho, abalado, desprotegido e menosprezado.

Quando estava perto a cair,
Minhas lembranças ficaram de frente para humanidade,
E tudo estava indo de vento em popa,
E os poemas me aliviaram,
E tudo se acalmou.

Ser ou não ser

CHRISTOPHER RIVE ST VIL

Nascida culpada por minha anatomia;
Sem escolhas de ser oposto a uma cultura pedófila;
Aos seus olhos sou apenas uma mercadoria,
Aquela erótica máquina de que se faz uso na hora da vontade;
E quando não serviu mais, descartou.

E na noite escura, o bêbado chegou,
Eram só oito horas, já fumou o suficiente;
Na hora do cochilo, fartamente gritou;
E tudo começou: a incomodar, a agredir, a assediar;
É agressão pra cá e soco pra lá;
Na hora do café, sou o amor da sua vida;
Na hora do almoço, sou seu amor extremo;
Na hora da janta, sou a doméstica analfabeta;
Na casa, minhas palavras perdem valor;
Chicoteou-me quando quis, só porque tu sustentas a casa.
Abusou-me, só porque sou o lado escuro da lua.
Não tenha medo de mim, tenha medo de me perder.

Nascida numa sociedade anacrônica,
É possível enxergar o passado com outros olhos,
Porém, lutarei para ser o que sempre sonhei.
Ser ou não ser, mas serei.
Serei uma MULHER INDEPENDENTE,
Caminharei com cabeça erguida,
Serei mecânica, professora, jornalista,
Serei a POETA DO MUNDO. Superarei todas as minhas dores.
Falarei todas as consoantes e vogais para sair desse sufocante lugar.

Mistério

CRISTINA GODOY CERQUEIRA LEITE

Em seus mistérios pode-se enxergar e sentir...

Em seu silêncio sentimos sua presença

Altivo, independente, hábil, silencioso, misterioso, ao mesmo tempo amoroso e sensível

Sua alma guarda a percepção vibratória ao seu redor, reconhece o amor, intui o ódio

Seu andar silencioso guarda o instinto, a força, a habilidade...

Quanto mistério nesse antagonismo, quanto equilíbrio, quanta harmonia

A delicadeza nos gestos e a ferocidade interior, que se esconde na essência do seu ser

O seu instinto natural, sua sobrevivência, sua força, sua fome, sua sede...

Sua natureza e seus mistérios, não há como explicar, é parte do seu ser

Deixe-o viver, respeite sua alma, deixe que siga seu instinto...

Não procure entender, apenas ofereça amor...

Respeite sua natureza, seus mistérios

Aos olhos sua beleza, classe, perfeição...

Sua essência guarda os mistérios, o instinto

Felinos e seus mistérios...

Canção

CRISTINA GODOY CERQUEIRA LEITE

Ideias que vêm, pensamentos, melodias, lembranças...
Momentos de devaneios, reflexões...
Apenas o sentir do momento
Não há o querer, são pensamentos em turbilhão
O que fazer?
Deixar fluir, sentir cada nota, a melodia em sua cadência
Parece o caos, mas, em meio a essa avalanche, há harmonia, equilíbrio...
Não se sabe de onde e por quê! Simplesmente acontece
Assim como uma canção...
Há um propósito...
O sentir produz cada nota, a melodia acontece com a entrega
Toda essa bagunça tem um sentido!
No final, representa a canção que nos embala nessa jornada...
A vida é como uma canção
Muitas vezes, não faz sentido a partitura
Mas, se soubermos escrever cada nota,
A vida será harmônica, melódica...
Como música para os ouvidos...

Desejo realizado

DAIANE SILVA SANTOS

"sofrimento que agoniza
tardia minha vida
de tempos em tempos
em vãos distantes
com essa mão fria
toco na ferida
de uma sociedade
que se faz distante
de um coração solitário
que precisa de um espaço
e o espaço a ti
finalmente foi dado."

O amor subentendido

DAIANE SILVA SANTOS

Eu amei...
Amei mais do que deveria
Amei além dos meus dias
Amei porque assim foi permitido
Amei quando tudo parecia um alívio

Amei tarde quando era cedo
Amei tudo o ano inteiro
Amei quem não merecia
Amei até quem me devia

Amei os vultos no canto inferior da casa
Amei os detalhes imperfeitos do meu cabelo
Amei a solidão como uma velha amiga
Amei a escuridão em vez do dia

Amei a minha própria ansiedade
Amei as vozes flutuantes acima de mim
Amei aceitar o destino concedido
Amei os nadas quando havia tudo

Amei e assim aceitei
Amei e dessa não escapei
Amei e tive que concordar
Amei até mesmo sem conseguir amar.

Órbitas

DAN BARSAN

Olhou ao redor e rodopiou o corpo esguio,
Fez festa no ar, bailou aos olhos curiosos,
Mas não sentia calor tampouco o frio.
Na temperatura exata dos espaços furtivos,
Fez nova órbita em seus pés maravilhosos,
Até cair no vazio dos cometas ainda vivos.

Bailou no ar espalhando seu doce perfume
E fez-se nova nos olfatos quase rarefeitos,
Bradou em círculo as estrelas no seu lume,
Esquivou-se dos asteroides na navegação.
Bastou um leve jogo de seus belos trejeitos,
Para ganhar o longo universo em expansão.

E rodopiou tal nave leve em sua jornada,
Foi visitar os planetas a muitos anos-luz,
Bailou com os seios mornos, sua armada,
E voltou à terra num raio de imaginação.
Abriu nos lábios um só sorriso que seduz
Aterrissou em plena forma de uma visão.

18/05/2020 – 12h30.

O sonho dos guerreiros

DANY BORGES

Sob o véu da noite
Repousam os guerreiros,
Guerreiros sem armaduras, imperceptíveis,
Fortes e destemidos,
Que buscam com afinco seu sustento,
Lutando com bravura contra o tempo,
Se escondendo do desespero
Que os acomete ao ser excluídos da sociedade.
Que maldade!
Sangram, literal e figurativamente, para sobreviver.
Não desistem!
Continuam lutando diariamente!
Perseguem seus objetivos a fim de alcançar seus sonhos.
Que sonhos?
Sonho de viver em paz,
De não ter medo de bala perdida...
De ter conforto,
De subir na vida...
Sonho de ser tratado como "gente"!
Gente?
Que tipo de gente?
Que qualidade de gente destrata seu semelhante?
Que qualidade de gente apoia a desigualdade?
Gente...

Digo gente de verdade!
Gente como a gente,
Que luta contra a crueldade,
Pela igualmente, imparcialidade.
Ah, nobres guerreiros...
Que seus sonhos se tornem realidade!
Durmam bem, meus companheiros!

Olhos profundos

DANI RAPHAEL

Me inebrio em teus olhos profundos
Que embriagam meu mundo
Meu êxtase de prazer.

Encontro conforto em teus cachos
Quando em meus dedos entrelaço
Tua fúria com o meu Ser.

Instantes desprovidos de calma
Em que me preencho em tua alma
Me entorpecendo do teu merecer.

Olhos profundos, marcados
Que me despem de mim mesmo
E me preparam pra você.

Cartesiana

DANI RAPHAEL

Ela me disse que odeia matemática
Mas calcula tudo
Com pensamentos rápidos
Soma o que interessa
E subtrai o que pra ela é lixo.

Ela disse que odeia matemática
Mas divide tudo
E quando o foco é o amor que sente
Ela multiplica em seu mundo.

Ela odeia matemática
Mas sempre enumera o que na vida é especial
Das notas musicais cria sua própria orquestra
No seu mundo deixa só o essencial.

Conta as flores, conta as rimas
Do coração, suas batidas.
Conta os passos, conta os dias.

Na sua lógica perfeita
Deixa tudo em suas caixinhas.
Menina matemática
Cartesiana e detalhista.

EM HOMENAGEM AO NORDESTE BRASILEIRO
Oh! Meu Nordeste querido

DANIELLE VIANA DE OLIVEIRA DE SOUZA

Oh! Meu Nordeste querido
De brilho e luz
Seu colorido é infindo
Que tanta vida produz.

Oh! Meu Nordeste querido
Que estão dizendo de ti?
Se vida na seca cultivas
sem fim.

Oh! Meu Nordeste querido
Do frevo, capoeira, forró e maracatu
Em teus passos se estabelecem
Um verdadeiro Ubuntu

Oh! Meu Nordeste querido
De riquezas mil
Índios, negros, portugueses
Onde tudo começou, onde nasce o Brasil.

Oh! Meu Nordeste querido
Pau-brasil, cana-de-açúcar, a caatinga quero lembrar
Mas te digo, São Francisco,
seco tu não vais ficar

Oh! Meu Nordeste querido
De gente que sorri
Mostra tua força e levanta
Marca o povo daqui.

Oh! Meu Nordeste querido
Quem és?
A que vás?
"Morte e vida Severina", tu deixaste para trás?

Oh! Meu Nordeste querido
Sei que tens no peito
Desejo de progredir
Coloca tudo nos Cordéis e não deixe de seguir.

Oh! Meu Nordeste querido
Deixe os bonecos de Olinda
e o homem do sertão
Montar a quadrilha do bem
E contagiar a nação.

EM HOMENAGEM À TÃO GUERREIRA E SOFRIDA ÁFRICA

Mãe África

DANIELLE VIANA DE OLIVEIRA DE SOUZA

Aquela que acolheu
Cor e sexo não escolheu
Ama, além da cama
Esperança sobre Baobás derrama

Vida simples,
Envolto a símbolos e rituais
Segue sempre com fé
Seus ancestrais

Mistérios Sagrados
Jamais tocados
De gente que canta, gente que dança
Sua natureza encanta.

Berço cheio de alteridade
Identidade e verdade
Lá sou sujeito,
Sou afro,
Sou cidadão.

Oh! Mãe África!
Moras aqui em meu coração.

No berço da maturidade

DÉBORA TORRES

Que graça há no crescer? No envelhecer?
De um magnetismo fascinante ludibria com louvor meros mortais que fascinados anseiam por tua chegada.

Desnudamo-nos da pureza infante
despimo-nos da sinceridade infantil
voluntariamente, frágeis mudas
embebidos de poder, sabedoria e independência desvanecidos
de que graça há, deixar de sentir emoções na profusão honesta de seu coração?

Que graça há no crescer? No envelhecer?
O que há de importante no número que esbanja abaixo da chama das primaveras?

Árdua caminhada perante o amadurecimento
equivocada percepção
como tolos, andamos com bravata
nos enlaçamos nos medos, bebemos incertezas, vestimos rugas, gritamos problemas.
Quem é você, maturidade? Autossuficiência, mulher mais velha; que se deixa banhar de medos.

Como saber crescer?
deixando-nos envelhecer e renascer
equiparando a alma meninil com a psiquê amadurecida.
A criança e o idoso, unificados hão de viver
dualidade que nos transforma e transborda.

Somos Contradição e a não Contradição de tudo o que existe,
a tempestade num dia tranquilo,
a gargalhada de lábios selados
a aquarela de uma pintura monocromática
a neve que toca o verão e a flor que no outono floresce
sejamos então
simples como a vida nos faz e complexos como nós nos criamos.

No Leito da vida

DÉBORA TORRES

Sinto-me imersa,
por uma força que me traga a cada suspiro
de um corpo pela guerra da vida, ferido
levando-me sem permissão para seu mundo noturno
sugando-me com a calma de uma brisa
para um mundo de sensações
jamais vividas em meus poucos anos nesta vida.

Deleito-me em seu prazer
por um breve instante
de uma espera que já tão longa
se faz no tempo
parar, abreviar, delongar
para que se haja em mãos
o que ausente uma vez esteve.

Para o regresso da luz
num flutuar de descanso
desfaço-me de minha cruz.

No bar

DONA BISCOITILDA

O fim é uma dose de começo
para aliviar as tonturas da vida.

Um dia foram felizes...
E isso é pouco?

Próximo
de nunca
entender
a   Distância.

Redundância

DONA BISCOITILDA

O astronauta que
precisava de espaço

Onde está?

EDGAR GABRIEL

17/12/2015

Me diz, me diz agora, onde está?
Me diga como é ser superior
sabendo que não passa de um saco
cheio de gordura, músculos e células
com prazo de validade.

Me diz, me diz, homem superior,
me diga logo onde está a sua superioridade
Sabendo que sente fome, medo, sono
e que seu DNA é similar ao de porco e atitude de rato.

Então, me diga de uma vez, ser superior,
onde está, onde está a sua pretensa superioridade?

Está na cor da pele?
No seu cabelo "bom"?
Na sua fala polida?
Ou no seu dinheiro?

Quem plantou essa ideia que te fez pensar ser superior?
Então me diga logo onde está ou vai-te embora.
Precisamos de muito mais que a sua superioridade.
Venha somar, não dividir.
Venha viver, não existir.
Venha pensar, não repetir.
Venha compreender e subsumir.

De pessoa em pessoa à diáspora

EDGAR GABRIEL

17/12/2015

Quisera Deus?
O homem civilizado sim,
o preconceito então surgiu.

Deus quis que a Terra fosse toda uma,
o homem quis povos.

O que o mar separou,
a segregação atacou,
a consciência nos uniu.

Deus fez o homem à sua semelhança.
O homem fez da pele o pomo da discórdia.
Para se chegar além da dor,
tem de olhar além da cor.

O homem criou e alimentou a desigualdade,
por nela enxergar sua alteridade.

De relatos

EDNIZE JUDITE

Um relato
Tem muitos lados.
O lado sentido e ferido.
O lado imaginado (dito e ouvido)
O lado falado, proferido.
O lado escutado, recebido.
O lado desgovernado, interpretado.
O lado não dito, maldito.
O lado subentendido.
O lado esquecido.
...
Por todos os lados,
Somos atingidos,
Tocados,
Afetados.
Afeto em atividade!
Afetividade!

Uma canção para ti

EDNIZE JUDITE

Me perdoa, amor,
Se não posso,
Agora, dar
O que você quer.
Já não sou mais
A mesma mulher.
Estou, a passos
Lentos, colhendo
O alento de
Minha reconstrução.
Perdida em fragmentos,
Ainda vai levar um tempo,
Reconquistar a confiança
De meu coração.
Sei que pode parecer
Ingratidão...
Logo você, que deixou
De ser você
Para me acolher.
Se possível, flor,
Liga, não...
As pétalas
Caídas
Fertilizam o
Chão.

Marfim e ébano

EDVALDO LEITE

De laços diversos a traços simétricos,
Acabou-se em morros viçosos e vistosos.
De prazeres quiméricos e estratosféricos,
A resiliência em pensamentos acintosos.
Marfim que reluz, cativante e inebriante
Celebra a vida, paradoxo de quem anseia
Verdadeiramente amar, um meliante
Preso a correntes num mar em que proseia.

> Debalde fugir da realidade.
> Na cegueira buscou a essência
> E da paixão que só restou a saudade
> Proferiu lamúrias até achar leniência.
> Há consenso nas batalhas perdidas,
> Pensou o jovem enamorado, não mais amargurado,
> Após cada lida se cicatrizam as feridas,
> Ter um norte é o aprendizado.

De idas e vindas, em ciclos periféricos,
Repousou num versado colo amoroso.
As aventuras e contos homéricos?
Só um resquício inutilmente vanglorioso.
Ébano que nutre, revigorante e exuberante,
Desperta a vida, tal qual quem desencadeia
Um pulsar e emergir, forte, esfuziante
Livre no ar que mantém a candeia.

Sensação imbuída de vivacidade,
Descerrou o olhar para a inocência
Do amor e pura reciprocidade
Findando qualquer divergência.
Há vicissitude em cada investida,
Pensou o jovem enamorado, agora enlaçado,
Espartir as fases da vida,
Sem repetir erros do passado.

Destarte, ébano e marfim
São congruentes e dissonantes,
Resistentes e de muito valor,
Destruídos por mãos ignorantes.
Findado qualquer adorno ou outro instrumento qualquer,
A humanidade beira à extinção.

Só sobrevive quem compreender,
A magnitude de se manter a fé.
A claridade permeia a escuridão,
O breu engole o lumiar,
Ébano e marfim hão de comprovar
No final, quem manda é o coração.

Alma amante

EDVALDO LEITE

A alma não pensa. Sente.
A boca não fala. Beija.
O corpo não sente. Percebe.

Percebo que o beijo não sente.　　　A alma beija o corpo.
Só sente quem beija.　　　　　　　Minha alma. Teu corpo. Um beijo.

Penso em agir sem pensar.
Falo em pedir sem falar.
Um beijo.

Amor. Sempre o amor.
Penso estar bem.
Beijo você.
Queria poder estar contigo,　　　　Ser teu professor, ser mais que amigo.
Passar na tua casa,　　　　　　　Mas como, se mesmo eu
te ensinar o amor,　　　　　　　　não sei entendê-lo

Resta-me, então, com sua autorização,
andar de mãos dadas com você e
juntos procurarmos superar qualquer
dificuldade, obstáculo, adversidade,
seguindo sempre ao norte,
em procura de um mote que ambos queremos:
a felicidade,
cumplicidade,
companheirismo,
amizade.
Amor.

As flores e o colibri

ERNANE BERNARDO

Folhagens do outono passado,
diversidades de mudanças.
Me fez alocar de sentimentos!
O encanto do desejo de amar.
Veio o frio, logo a tempestade!
Devastando a pureza da paixão.
Caem as pétalas, cai o néctar!
Levando consigo o colibri,
Ah... Saudades de outrora primavera
sempre espalhou sementes do amor,
motivando minha razão de viver!
Doces sentimentos do prazer.
Nova aurora faz amanhecer!
Na esperança de voltar a sorrir!
As flores e o colibri.
Faz enamorar outra vez
Sentado no banco do meu jardim!

O olhar por trás do olhar

ERNANE BERNARDO

Esquivando pelos caminhos da vida,
com minhas incertezas... Sentia o vento
que sopravas em todas as direções.
Na frieza da noite de céu estrelado!
Algo me fez impulsionar,
vindo de todos os lados.
Fui seguindo sem rumo e sem asfalto!
Despercebido, me hesitei da força que me afligia.
De modo inoportuno, pés no chão
Sentir a certeza do anonimato!
Ao ver o olhar desvanecido,
da moça sentada na calçada!
Com um olhar lúcido fiz valer sua beleza!
Que por trás das vestes...
Um coração abandonado,
revestido de cansaço!
Vida esquecida para todos que ali passavam.
Nem sequer percebida desviava um olhar.
Todavia, suas vestes os fizeram encapar.
Sua beleza natural!
O olhar por trás do olhar!
Fez sua alma sublimar
Pude ver na alma e no seu olhar!

Intempérie

EVA GRAÇA BRITO

A Fábrica de Ilusões desmorona-se.
Estilhaços resvalam em nossas mãos,
o encanto de outrora, agora é pranto
e sufocado pelas práticas insanas,
o grito de guerra de bravos entusiastas,
no auge da intempérie, já emudeceu!
O Ogro Insano e seus fiéis comparsas
foram "um por um" desmascarados,
mas, lamentavelmente, ainda avalizados,
insistem em guiar o trem desgovernado.
Ó, Pai! Livra-nos do próximo round!

                                        Maio/2020.

Quero livros

EVA GRAÇA BRITO

Ah! Como os livros são belos
e sempre, sempre eu os quero!
Quero livros que circulem livres,
livros que nos deixem leves!
Quero livros para refletir,
estudar, interagir,
livros que nos façam rir!
Quero livros de todos os gêneros,
cores, formatos e tamanhos,
pois com livros não há perdas,
com livros só temos ganhos!

Meu querido amor!

FABIANA ZANELA FACHINELLI

Na mais bela noite, querido,
Beijou-me com serenidade
A exaltação me fez tremer
Quando disse bem baixinho
Seu sorriso eu quero ver!

Desejos desordenados
Na paixão impetuosa
Amor é tão belo e voraz
Que nos faz encontrar prazer
Nessa nossa longa história!

Distância covarde que foi
Confundiu nossa existência
Entre cartas, saudades e dor
Como isto pode substituir
A sua, a minha presença!

Que loucura a doce alma
Transformou os corações
Sob desejos profundos
Na impiedosa e longa busca
Da nossa eterna paixão!

Entre beijos e carícias
E fusões nos corações
E neste sonho encantado
Confidências, descompasso
Delicioso nosso amor!

Quem é que pode julgar
A paixão que nos permeia
Na busca da felicidade
Desejar todos os dias
Ao seu lado ser beleza!

Nos dias, e que longos dias
Que ao teu lado não vivi,
Dizia-lhe sempre, querido,
Não me tire de seus pensamentos
Não se esqueça de mim!

Nunca duvide, amor,
Meu coração deseja falar
Com toda a sinceridade
Quero-te tanto ao meu lado
É a mais doce verdade!

Sei que em seu pensamento
Também estou a brilhar
Só não sei por que resiste
Penso que a serena vida
Não nos quer deixar amar!

Disse-me sempre, amor,
Que adorava me ver sorrir
Lembro com tanta ternura
De palavras doces e puras
Que você me fez ouvir!

Ver-te outra vez, meu querido,
É sentir o coração palpitar
Tremer, não respirar, sonhar
Não há palavras singelas
Que simplifiquem o meu amar!

Sim, sou tão sonhadora
Muitas vezes imprudente
Mas não esqueça, querido,
Existe um lindo caminho
Que é puro, terno e quente!

A coragem de meu coração
Desejo levar-lhe ao seu
E na mais pura sabedoria
Agradeço todos os dias
Pelos momentos que amei!

Nunca, mas nunca, querido,
Vou deixar de o amar
E saiba, meu doce adorado,
Que hoje, amanhã e sempre
Vou estar ao seu lado!

Não irei em nenhum momento
Na felicidade não acreditar
Vou desejar eternamente
Que pense em mim, meu amor,
E venha comigo sonhar!

Quero que em todos seus dias
Me ame e por mim seja amado
Por isso lhe digo, querido,
Nunca duvide de mim
Do amor que por ti guardo!

A cor do amor!

FABIANA ZANELA FACHINELLI

Amar-te é tão sublime quanto o cantar de um sabiá
Que canta o amor pra gente escutar
Melodia que é ouvida por todos os amantes
Vem, meu amor, vem comigo apreciar!

Olhar-te é tão perfeito como o cheiro de uma flor
No brilho dos meus olhos eu quero te encontrar
Sentir tua presença é ver a lua cheia
Iluminando a alma com todo esplendor!

Amor, por onde andas que não te tenho ao meu lado
A dor que me consome não me deixa respirar
Escrevo a cada dia no meu eterno pensamento
Que num lindo sonho eu vou te encontrar!

Oh, vida que te amo, por que faz isto comigo
Por que me privas tanto do amor que quero ter
O brilho dos meus olhos eu não sei por onde anda
Desejo encontrá-lo e dar ao meu amor!

Às vezes gostaria de dizer aos sete mares
Que eu te quero tanto e não sei como parar
Eu penso e repenso onde foi que eu errei
Não acho as respostas que me façam acalmar!

Eu olho no horizonte onde vejo a andorinha
Sussurra bem baixinho: não chores, minha menina,
Percebas que a vida é tão bela e tem a cor
A cor de que precisas para encontrar o teu amor!

Azul, verde, amarelo, oh, céus, que cor será
Me diga, avezinha, ajude-me a encontrar
Pois não consigo ver, meus olhos estão tristes
Te peço ternamente, faze-me enxergar!

A cor, minha menina, é aquela que tu tens
No teu profundo ser, dentro do coração
É a beleza pura de um ser apaixonado
Que externa alegria no brilho do olhar!

A dança boêmia

FÁBIO DA SILVA SOUSA

Mesas solitárias me observam
anos e anos se passaram até o meu retorno
vultos do passado me alegram
dias de outrora onde eu me perdia
a cada sorriso lacônico
a cada copo levantado
a cada bebida consumida
e a cada dança executada

Mesas solitárias sorriem
fecho os olhos e entro no passado
revivo tudo em poucos segundos
cada mesa era um mundo particular
que eu invadia, conquistava e abandonava
amores foram compartilhados entre bebidas
amizades foram construídas entre bebidas
vidas foram vividas e brindadas
entre bebidas

Mesas solitárias me saúdam
se levantam e me cumprimentam
dividem comigo os dias passados
e me prometem uma nova dança no futuro
"Não acabou", elas dizem
"O passado não retorna"
"Mas não tenha medo do futuro"
Mesas reunidas dançam e me convidam
"Venha, dança, invada, beba e viva!"

Humano

FELIPE DA COSTA NEGRÃO

Diante das histórias que vivi,
Diante das palavras que ouvi,
Um só desejo: Ser mais humano.
Enxergar beleza no outro,
Acolher o aflito e choroso,
Respeitar o diverso,
Imperfeita perfeita é a vida,

Caminhar ao lado de quem te faz tão bem,
Rir bem mais que chorar, abraçar alguém,
Valorizar o pouco, ser mestre em consolo,
Semear esperança como ninguém.

E com as lagrimas, cresci,
Com as derrotas, amadureci,
Tudo na vida tem um sentido, uma razão,
E com as perdas, valorizei,
Com as fraquezas, forte me tornei,
Que bom que a vida não vem com manual de instrução.
E com os outros, aprendi,
Com outros, me reconheci,
E assim vou tendo tantos motivos pra sorrir.

Ressignific[ações]

FELIPE DA COSTA NEGRÃO

Sou diferente, eu sei!
Não preciso ter medo,
Por tanto tempo esconder-me era lei,
Até que cansei, expus meu segredo.

Doeu, sangrou, martirizou,
Mas agora estou bem.
Moeu, acabou, desabrochou,
Não sou mais meu refém.

Peito estufado, cabeça erguida,
Me olham torto ainda,
Mas só eu sei da morte que era não ter vida,
Finda que a vinda desse colapso foi linda.

Ainda vou me descobrir mais,
Sei que os caminhos ainda não são de paz.
Estou protegido contra os vendavais,
Pondero-me a sorrir uma vez mais.

O brilho de sol e de luz

FERNANDA LÍCIA DE SANTANA BARROS

Sol era reluzente

Luz incandescente

Ambos brilhavam para todos

Certo dia resolveram apostar quem brilhava mais que uma estrela cadente

Sol, por ter o nome que já por si só reluz,

Esqueceu que todo ser possui sua própria luz

Luz, não esquecendo dos ensinamentos da vida,

Percebeu que não podia brilhar mais que outro ser apenas por se chamar luz

Diante de tal constatação, Sol e Luz perceberam que na vida o importante não é brilhar mais que uma constelação

O importante na vida é ser Sol e ser Luz na vida e nos caminhos de quem nos chega à trilha e nos conduz

No meio dessa pandemia

FLÁVIA VALENÇA LIMA

Como Heráclito já dizia: em cada água não passa duas iguais.
Daí que vivemos os Ais
Não há futuro.
Estamos submetidos ao presente inseguro.
O tempo não volta atrás...
O passado se desfaz
O futuro já não há
A finitude aqui está.
A vida não se repetirá.
O sopro sopra, mas por quanto tempo?
A vida é um sopro de ar
Pois pare o passo!
Aperte o freio
O piloto sumiu! Na verdade, ele nunca existiu.
Estamos todos nesse mesmo barco.
Portanto, PARE, contemple o oxigênio sem receio
Estamos de fato no meio...
No meio dessa pandemia
Pandemônio
À revelia

Talvez isso nos cure, um dia... da doença da hipocrisia:
a doença tão mal da indiferença social, a desigualdade do capital: o grande flagelo humano

Sem engano, noite dia, pensemos, estamos no meio
dessa pandemia

A saudade

GERALDO LAGO

A saudade não tem idade
Mas envelhecemos a cada minuto...
Com a falta da pessoa amada
E sofremos com a ausência e a ansiedade...
Nada substitui a tua presença
A tristeza toma conta de mim
O meu olhar perdido no horizonte
Procurando na imensidão te encontrar...
Cada segundo é uma eternidade...
Quem não valoriza o tempo
Não sabe o que é saudade...
Na minha mente passa um filme
Relembrando de momentos passados
Cada lembrança é uma cena
De replays que merecem ser lembrados
Na memória gravada
Da nossa história que pode ser recuperada
O tempo se encarregou de eternizar
Os fatos mais marcantes
Para não serem esquecidos
Quando estávamos distantes...
O teu sorriso, o teu jeito de falar
São únicos e não consigo esquecer...
Descrever-te é difícil
Sentir saudades de você
Tornou-se um vício...

Utopias

GERALDO LAGO

Ah, como eu queria!
Que fosse tudo diferente
Que não houvesse tanta tristeza nos olhares
Que todos tivessem lares
Que não houvesse tanta hipocrisia nas palavras ditas
Que todas as mentiras fossem malditas
Que o mundo fosse um lugar digno para todos
Que as promessas feitas
Não se transformassem em engodos.
Ah, como eu queria!
Que todos os sonhos se transformassem em realidade
Que todos praticassem o bem, em vez de maldades.
Que os seres humanos vivessem em comunhão
Praticassem o respeito e o perdão
Ah, como eu queria!
Que as flores enfeitassem todos os caminhos
Que caminhássemos juntos, e não sozinhos...
Que as verdades prevalecessem sobre as mentiras
Que fôssemos mensageiros da fé
Que o amor fosse a moeda da paz
Que não precisássemos ter medo
Que a vida não nos cobrasse segredos...
Que a violência não existisse entre as pessoas
Que vidas não fossem ceifadas à toa...
Pode ser uma utopia, assim pensar...
Mas é possível a humanidade tentar.
Viver em harmonia e aprender a perdoar...

5 minutos

GILMAR RODRIGUES

Restam cinco minutos de hoje —
depois será amanhã.
Nesse toco de tempo fica o indefinido
do é, ou será.
Talvez seja o bastante pra sentir
que através do véu se esconde o espanto
da fé inabalável que se cala, surda,
diante de.
Talvez seja o suficiente para
que se detone uma bomba, no subsolo,
antes que seja tarde demais
e a criança acorde com fome de.
Talvez o medo saia voando no vento,
e se descubra o pranto mudo
por todas as ausências de.

Restam cinco minutos
para que, irremediavelmente,
a magia das possibilidades
se dissolva —
será amanhã, depois manhã:
com a luz, com o mundo desperto.

Restam cinco minutos —
para que a loucura desperte...
      (ou se disperse?)

Nuvem e tempo

GILMAR RODRIGUES

Há um pêndulo de relógio
marcando passo a passo
o caminho do tempo.
Quero tomar o momento
que escorre entre os dedos,
queria não engasgar na sensação do nada
                        (o eco da própria voz).

Há um vazio no céu e no sol
como uma fresta
penetrando no imenso
como se o útero do espaço
eliminasse, brancas, as nuvens.

Amor noturno

GISELE MAI

Não temos uma fonte para nos encontrar
E nem um coreto para nos abrigar
Somos dois corações a se amar
Com a presença da lua a nos encantar

Eu sou sua e você é meu
Meu olhar acompanha o seu
Com as estrelas a testemunhar
Dois corações estão sempre a vibrar

Na madrugada

GISELE MAI

Se o meu teto nesse instante eu pudesse abrir,
Cada estrela estaria a contemplar
Acordada a imaginar
Do seu lado estaria a caminhar

O brilho do céu deixa um rastro
Um rastro de luz a brilhar
Devo deixar você ir
Mas ao seu lado vou sempre existir

Prisioneiro

GISLENE CAMARGO

Por se tornar prisioneiro
De invisível carcereiro,
Há algo que apenas sente
Sem saber por quê
Vê-se atrelado a algo
Insosso, ainda que a
Colheita corresponda
À parte do almejado.

E as vozes batem angustiosamente
Na carcaça de seu íntimo
Num grito de socorro
Do que não sabe explicar
Rumo ao ansiado
Mas também não claramente
Moldado mentalmente
Apenas delineado levemente no seu fim.
Não é isso aqui. Mas o que é e onde está?

O latido dos cães,
O tic-tac do relógio
E o pulsar do sangue
Nas veias pela noite afora
Dançam letras pela folha
Passam folhas pelas mãos
Passam horas, passam horas, passam horas...

O horizonte, as estradas,
Caminhos, descaminhos,
Sólidos elos do dever
E o sangue do engolir seco no tempo
Rasga a garganta d'alma decidida
Pra não repetir desmandos
Prender à Terra os pés.

O relógio, o chá, o vinho,
As letras no papel, filme na tela,
A música na mente, insistente
Companheiros numa viagem trilhada
Sem um porquê.

Num por enquanto,
Dormem as vozes n'alma
Pois a porta não se abre
Já que a chave está perdida.

O amor

GISLENE CAMARGO

O amor não admite convenção.
Não exige presença, palavras...
Existem os que amam ofuscantemente;
Outros amam calados;
E sofrem calados.
Passional ou fraterno, o amor sempre nos reserva
Determinada contribuição de dor para que exista.

Sou daqueles que amam calados. Me reservo o deleite de sofrer só.
Por medo de incomodar, me isolo, me calo. Não luto mais.
Me permito o direito de saber, o ser amado, amado em suas
diversas possibilidades,
E por outros seres que não sejam eu.

O amor pertence a quem ama, não ao ser amado.
Certo que desejamos que o amor nos olhe, nem que seja assim
de esguelha,
Às vezes ele desfila, passa por nós e,
invisíveis em nossa mediocridade, nem somos percebidos.

Como os cães que, apesar dos pesares, amam sempre seus donos,
Assim o homem deveria amar.

Ah! Drummond que me perdoe. Não tenho conhaque; hoje não tem lua,
Mas o danado desse amor deixa a gente meio meloso, abobalhado.
E, por mais que a razão nos mova, é o amor que nos alimenta.

O tempo em isolamento

IOMARA LARISSA LUZ DE ARAGÃO

Ontem, cantei saudade
Hoje, desenho meu riso sem vaidade
Amanhã, inventarei mil antídotos

Ontem, chorei de amor
Hoje, poesias me revelam quem sou
Amanhã, ouvirei cantigas em rádio de pilha para contemplar o passado com alegria

Ontem, o relógio dominou e marcou as regras sem medo e sem demora
Hoje, o amor e o tempo conversam e os ponteiros sem pressa revelam beleza e calmaria
Amanhã, sentarei na calçada como antes, sem temer abraço e cortesia

Ontem, contei menos com a sorte
Hoje, já sinto que sou mais forte
Amanhã, vou brindar com minha família, sem temer chuvas ou insolações esquecidas

Ontem, escrevi versos e recebi "eu te amo" através de janelas de vidro virtuais
Hoje, a esperança me refaz um pouco mais
Amanhã, comprarei um bolo e acenderei velas em festa

Ontem, amei e sofri demais

Hoje, escrevo estrofes ao reverso como protesto

Amanhã, encontrarei um amor distante e que me voltará um riso gigante em outono breve

Ontem, choveu aqui

Hoje, o sol canta por mim

Amanhã, não saberei dizer o que houve dentro de mim, mas poderei, enfim, abraçar quem

Eu sempre quis, sem temor de gritar para o mundo ouvir:
sou feliz, sim.

Eu sou mulher

IRANETE VIEGAS

EU sou mulher
E por ser a mulher que sou
EU sou amor
Por ser a mulher que sou
EU sou vida, sou reprodução
Sou filha, sou mãe
Sou a fé que brota em cada coração
Sou a esperança de cada irmão

EU sou mulher
E por ser a mulher que sou
Sou sonho que realizo
Sou esposa, sou amiga
Dos meus direitos não abro mão
Sonho, confio, vivo
E amo de coração

EU sou mulher
E por ser a mulher que sou
Sou mulher lua
Tenho várias faces
A face minha, a face tua
E em cada fase a minha face
É somente amor e ternura

EU sou mulher
E por ser a mulher que sou
Sou mulher guerreira
Sou gravidade, sou mansidão
Sou mulher semente
Sou vida, sou gente
Sou fogo, amor e paixão
E por ser a mulher que sou
Jamais serei solidão

Eu, você e eles

IRANETE VIEGAS

EU sozinha iniciei
A procura por VOCÊ
Por um bom tempo vaguei
Ter ELES? Nunca pensei
Até que VOCÊ apareceu
E o amor nasceu
Tudo foram flores? Nem sei
Só sei que amei, amei e amei
E o tamanho desse amor nunca calculei
Entre idas e vindas esse amor quase morreu
VOCÊ muitas vezes desapareceu
Me deixando com ELES
Frutos do amor que EU e VOCÊ viveram

O tempo passou...
E o amor só continuou
A paciência esperou
A perseverança insistiu
O desaparecido mais uma vez apareceu
O amor renasceu
E agora? Agora somos EU, VOCÊ e ELES
Será eterno? Não sei!
Só sei que os capítulos dessa história
Em poesia sempre escreverei.

Ô medo, ô medo?

JANECLAY ALEXANDRE

É o sentimento e a sensação
A sobrevivência na realidade
Na apreensão e na atenção
Ô ser humano com acreditar,
Ô organismo no estrutural
Em sentir e expor em si.
É uma luta, ou fuga,
Com estímulos constantes
E acelerações cardiovasculares
É uma reação aceleradamente
De uma luta, luta, ou fuga,
É sempre um estado de alerta
De reações fisiológicas
Ô sentir da ansiedade.
Ter o medo do despertar
Do desejo de amar
De escolha em lutar, lutar,
Na sensação do fugir, em fugir,
Da sensação em angústia constante
Ô sentimento de apertar, de agredir,
De sair correndo, em sentir livre,
De poder ser diferente e sonhar.

Reflecte então

JOANA MENDES

Às vezes sou cores... Por vezes dissabores...

Toque de algo que se foi celestial.

Gostos amargos provam o contrário

Não vale a pena lutar para se resgatar o que já não é

Foi, existiu, passou

Frio

Calor

Máximo

Mínimo

Restou o que é

Se bom ou mau, quem o pode afirmar?

Cor nos olhos daltônicos

Sabor no palato fumante

Percepções alteradas de alguém que, hora certa, hora errada, tentou correr

Contra o tempo, e, num dado momento, decidiu deixar o tempo passar.

Nem sempre cores. Muito menos dissabores.

26/11/19

Minha insuficiência

JOANA MENDES

Preciso de versos!
Ninar minha inconstante alma,
embalar sentimentos
um turbilhão deles:
os maus, jogá-los-ei longe;
os bons, dá-los-ei de prenda.
Fitas coloridas e uma bela escrita
a dizer: Toma! São teus!
Embalei-os no melhor de mim
Não estás a ver? Só para ti...

Preciso de versos!
Os muitos que tenho são poucos.
Insuficientes a descrever:
Tristezas? Alegrias?
Quem se importa?
Ora! As tristes noites dão-me os melhores versos.
Se calhar, já não jogá-los-ei...
Maus sentimentos, meus melhores versos.
Sim, alegrias engolem palavras.
E, ai, como preciso de versos!

Preciso de versos!
Prosear minha fugaz existência
Parafrasear tudo o que sinto
Narrativa difícil esta a minha,
que precisa de um pouco de angústias,
de um bocadinho de decepções,
Quiçá de uma pequena porção de melancolia...
Et voilà!
Surgem os versos desta receita
que atestam minha insuficiência.

10/01/2020

Quarentena

JOJO CAMPOS

Não temo o amor
Nem a solidão, nem a tristeza
Não sou de me entregar à incerteza
Eu sou o poeta do lar

E nos rabiscos do papel
Minhas lágrimas caem sobre o anel
Enquanto as chuvas despejam mel
Um lápis me foi infiel

Aos fundos de minha casa
Nem mesmo o Sol me faz companhia
A diferença entre a noite e o dia
Desenhada nas olheiras

A Lua que não me trai
Tão tímida na pandemia
Irradia a noite de alegria
Dessa quarentena infeliz

As ruas vazias que me sufocam
Cheias de ódio e mentira
São como gritos estridentes
Do silêncio ensurdecedor

O preço leve como o ar
Abraçado aos pulmões do meu amor
Despercebido pela dor
Do último beijo da tosse

Covid-19

JOJO CAMPOS

Tocá-lo não posso
Nem um beijo de despedida
Apenas lágrimas pela ida
De meu grande amor

A máscara que me sufoca
Pior que as paredes de minha casa
Com janelas e portas trancadas
Para que, um dia, vivamos juntos

As mãos só se esfregam
Com o frio do líquido purificador
Exalam o cheiro de meu amor
Lacrado sobre a maca

Aquela agonia ao vê-lo sofrer
Por piedade de ares traiçoeiros
Abandonado por médicos e enfermeiros
No centro da negligência

A noite chuvosa infeliz
Que o arrastou para longe de minha vida
Testemunhou a revolta sentida
Por todos que te amam

Sem flores, sem adeus
A areia escura te cobriu
Mas de mim não se escapuliu
O desejo de levar-te a dignidade

Córrego urbano

JOEL ALEIXO

Põe-me o córrego aos olhos e o que vejo?
a ponte na cidade, um rumorejo d'águas,
ainda um tanto claras, limpas que foram
em seu próprio choro de rio esquecido...
Nele se abrigam o pombo urbano, a ave,
o pássaro cantador sedento do dia quente,
e o cacto de um quintal deixa cair no leito
o fruto rosado e doce pra nenhum peixe...
O pranto lava o descaso humano, a cena crua,
deixa o ar aquoso mais fresco, algum eflúvio...
Umedece o olho que vê a alma que escorre,
e logo ali na curva do riacho, segue nua...

Panda

JOEL ALEIXO

Urso panda máscara
rola em preto e branco,
mastiga bambu, malemolento,
um doce e mole bambu e verde
brinca em chinês, desenha contraste
Alegria, tristeza, sono, despertar...
Tento abraçar o redondo corpo,
roubar o complementar sentido
E ser tudo isso, bom e tímido,
brincadeira e verdade

Corona

JONAS MARINHO

A coroa não brilha,
O cantor não canta
A felicidade se esconde

Pela grade os versos escoam
Na noite fria voam
A felicidade se esconde

O fundo da alma esvazia
A janela do quarto se fecha
A felicidade não pode sair

O ponteiro do relógio não para,
O véu noturno vai cair
A felicidade vai sair

Belle Époque

JONAS MARINHO

Que saudade! O cavalo trotava
Minha perna marchava
O segredo escondido
O sertão proibido

A terra rachada
A cabaça quebrada
Cronos descansava
Eu só aprontava

O povo acolhedor
Realmente vencedor
Laçou meu coração
E não soltou, não

Agora se acumula a poeira
De tempos idos na figueira
Eu conhecia a felicidade
Agora tenho saudade

Velho

JONATHAN SIQUEIRA DUARTE

Velho há tanto tempo
Já foi jovem
E há tanto tempo
Já é velho
Com tantas histórias do passado
Pra contar
E muitos conselhos aconselhadores
Tantas coisas dos
Velhos jovens
Pros novos jovens
Que um dia serão
Os novos velhos do tempo

Rosa do Pernambuco

JONATHAN SIQUEIRA DUARTE

Uma flor linda e delicada
Ela pode até ser linda e delicada
Mas suas raízes
Cresceram e se fortaleceram
Em uma terra
Onde só os fortes
Conseguem crescer e florescer
Não se deixe enganar
Pela sua beleza e seu cheiro
Tão puro e doce
Vai achando
Que ela só é delicada
Que ela vai te
Mostrar as suas
raízes pernambucanas!

Diálogo entre coveiros

JOSÉ HELENO FERREIRA

(para João Cabral de Melo Neto)

— São muitas as covas abertas ao longo dos dias.
São muitos os corpos em busca de repouso
depois de uma vida de muita ou pouca valia.

— Covas rasas para os pretos e os pobres.
Covas sem epitáfios para as travestis, os viados e as putas.
Covas manchadas de sangue para os indígenas,
para quem não arredou pé de suas lutas.

— Mas há também outras alamedas.
Em vez de covas, túmulos suntuosos, um acinte!
Mármores, granito, turmalinas
para quem, da vida, somente conheceu o requinte.

— Há flores enfeitando as covas e também os túmulos.
Nelas, dálias, cravos, margaridas e outras flores em desalinho.
Neles, ramalhetes de rosas e lírios,
muito bem alinhados, mas ali colocados sob encomenda, sem carinho.

— Mas, por que estão as covas, tão rasas, tão simples,
na parte alta deste campo-santo
e os túmulos, tão suntuosos, na parte baixa?
Não seria mais coerente, com a vida que tiveram
os que ali descansam,
que as covas rasas aqui embaixo ficassem?

— Camarada, o relevo deste campo-santo
responde bem à sua pergunta.
As lágrimas que caem sobre as covas rasas,
escorrendo, regam os túmulos cá debaixo.
E assim, esses que viveram do suor dos indigentes,
dos pobres, dos pretos, das putas e de todo esse mar de gente,
não tendo quem por eles chore,
alimentam-se das lágrimas que caem sobre essas covas rasas
e inocentes.

Para Marielle Franco

JOSÉ HELENO FERREIRA

Dois anos sem Marielle e seu sorriso franco.
Dois anos de impunidade,
de silêncios e mentiras covardes.

Aqueles que deram a ordem para o martírio,
aqueles que apertaram o gatilho,
estão nos palácios, escoltados pelo poder do dinheiro,
numa vida em que o vil metal é o único brilho.

Mas ao redor do mundo
levantam-se milhares de Marielles.
São negras, são brancas,
são homens, são mulheres.
De punho cerrado, denunciam a violência.
Praças e ruas recebem o seu nome.
Grafitagens, pinturas e desenhos
estampam o sorriso de Marielle.

E, nesta estrada, seguimos lutando!
Até que o riso franco de Marielle,
tal qual bandeira desfraldada,
esteja estampado na face de todos os pobres desta terra!

O mundo é das mulheres

J.P. CHAMOUTON

Desde o Paraíso dizem os livros que a história é quase essa
Já havia ali o homem, animais e as florestas
Em perfeito equilíbrio, num convívio ecológico
Em que o pato, o rato e o sapo vivam em paz com o hipopótamo
Mas o homem impaciente exigiu uma companheira
Que vivesse ao seu lado e visse a vida à sua maneira
E derramasse todo pranto junto com suas mazelas
E o lesasse simplesmente em um pedaço das costelas
Me perdoem, Adão e Eva, mas o mundo é das mulheres
Dizem as más línguas que elas falam mais que os próprios cotovelos
Que tiveram seus teares e largaram seus novelos
E tiveram seus maridos e fizeram seus jantares
Em que o cão, o gato e os filhos ocupavam seus lugares
Mas o homem intransigente demitiu a faxineira
Alegando que o mercado estava em baixa e era besteira
Assumir aqueles gastos típicos da classe média
Que passavam todo dia na telinha da galera
Me perdoem as novelas, mas o mundo é das mulheres
Veio então a era bem marcada pelos grandes movimentos
Chatos, velhos, padres, índios, homos, bêbados e negros
Reclamando seus direitos e traçando seus destinos
Mesmos assim elas cuidavam sempre de todos os seus meninos
Mas o homem displicente se esqueceu da natureza
Que trazia o tempo todo a perfeição de sua beleza
E cada dia se comporta como um tolo, cretino
Enquanto elas, nos altares, trajando seus brancos vestidos
Me perdoem os enrustidos,
Me perdoem os pervertidos,
Me perdoem os indecisos, mas o mundo é das mulheres

Veneno

J.P. CHAMOUTON

Este veneno que desce pela boca
Mas o gosto tarda, pois o trânsito impede
Que se chegue onde se quer chegar
E o ânimo mede a vontade que se tem de andar
Esse veneno que eu trago em meu nome
Me aflige e me ensina, explique essa dúvida
De qual seja o meu lugar?
Para onde eu devo andar?
Esse veneno que pede algo em troca
Mas o fogo arde pois o íntimo esquece
Que se cresce até não dar mais para olhar
E que tudo se apaga e se fecha num simples piscar

Faces

JULIANA INHASZ

Na noite inquieta
Cada dobra do lençol
Lembra teu sorriso
Indeciso,
O canto dos teus olhos
Analíticos,
Tuas palavras
Sem pudor
Despindo
As minhas faces ocultas...
Um duelo
Entre carinho e perdição,
Pureza e perversão
Residindo no toque
Das tuas mãos...
Em cada canto
Desse quarto,
A vontade
De reviver o segundo
Em que seus olhos
Fincaram
Na minha alma,
Nua,
A vontade
De ser tua...

Acaso

JULIANA INHASZ

Procuro
Nos teus versos
De rimas incompletas
Resquícios
Do que sinto
Quando,
De olhos fechados,
Digo
Poesias
Sem palavras
Para que
Você leia
Nos meus olhos
Censurados
O que
Não pode
Ser escrito.
Somos
O que nega
O acaso...

Poder feminino

JULIANA PIO

Que a minha voz seja ouvida
E a versatilidade, reconhecida...
Sou mulher, fortaleza feminina!
Carrego no coração a sensibilidade
E, nos pulsos, a coragem.

Acolho, amo, curo, restabeleço.
Não temo, não me esquivo...
Insisto, busco, luto, engrandeço.
Magistral obra-prima da criação,
Sou mulher, essência da perfeição!

Findo amor

JULIANA PIO

Há tempos não vejo o amor...
Até esqueci seu sabor!
Suas nuances desbotaram,
Suprimiu-se o afago.
Inexpressivo, tornou-se amargo.
Ah, abúlico amor!
Decepção trouxeste-me;
Acreditei que resistiria
Às intempéries vividas.
Por que me fizeste crer
Que lutaria com todas as forças
Para em mim permanecer?
Meu peito é todo desilusão.
Carrega nostalgia
Daquilo que existiu um dia.
Na garganta sinto um nó.
No olhar, consternação.
Não há como esconder:
Aqui jaz um coração!

Circularidade alquímica

KAROLLEN ARAÚJO POTYGUARA

Sangra peremptoriamente pela face lúgubre!
Teus arrais fustigados fascinam o transeunte!
As flamas senoidais invocam o inconsciente
De véus que encobrem a centelha do teu ubre...

Assoalhos metafísicos do eixo em orbe
Provocam síncopes místicas das ânimas.
Sinapses eletrificam, moldam, magnânimas
As alquímicas fusões da trindade nobre.

Trafegas pelos planos perenes
Enlaçada pela veste medonha...
Devora e cospe a vil peçonha
Das cíclicas mortes infrenes!

Vida morta? Vide a morte.
Morte vivida? Renascer vívido!
Transmutar e transcender lívido
Pelas luzes áureas à tua sorte...

Deus-a mulher

KAROLLEN ARAÚJO POTYGUARA

Somos corpos de átomos das poeiras cósmicas.
Todo o universo está em nosso ser profundo.
Geramos e criamos em próprio solo fecundo
Toda natureza de complexas geometrias crômicas.

Mulheres... os cosmos em teus ventres foram gerados.
Surgindo das ovulações siderais das galáxias uterinas,
Fluindo pelas equóreas substâncias menstruais divinas,
Banhamos e nutrimos todos os viventes diversificados.

Somos, sem dúvida, parteiras de nós mesmas. Iluminadas.
Fundadoras da maiêutica, filósofas revolucionárias.
Matriarcas intemporais. Musas extraordinárias...
Todas as Artes em nós orbitam harmoniosas e afinadas.

As três Moiras tecem o fio tênue da ciclicidade perene
Enquanto doamos compulsivamente a Vida e a Morte...
Ainda assim tentamos em vão mudar nossa própria sorte,
Mas não há acordo nem parcimônia com o destino solene.

Destarte, não temermos os lacônicos finitos...
A eternidade está pulsando em nossa mente...
Vivemos e sentimos supernovas, sinestesicamente
Com a mística ânima arraigada de infinitos!

Um poema aos anjos

KATARINE CARVALHO

Eu não quero mais me sentir sozinha
Neste sonho de estar acordada
Dia após dia, dia após dia...
Vago silenciosa e chuvosa
E tão vulnerável
Pelos meus próprios desacontecimentos.
Eu não quero mais me sentir sozinha.
Anjos, por favor, ouçam a urgência deste poema.
E cantem sobre os meus ossos.
Para que um dia além destes bosques sombrios
Eu possa voltar a ser inteira.

Orvalhos de infância

KATARINE CARVALHO

Eu busco um lugar
Para fazer um ninho.
Seja no mar, seja no luar.
Seja num canto de passarinho
Ou numa brisa da manhã.

Preciso respirar um ar
De outro lugar,
Um ar perfumado com aromas
De pureza e poesia.

Preciso de um vasto horizonte
para olhar por longas horas,
Apenas olhar – mais nada.
E me contentar com este nada.

Preciso de uma pausa no caminho
Para voltar a ser pequenina.
E passear com minha cesta de flores,
Recolhendo ramos de ternura e saudades.

Preciso dar colo para a pequena poetisa
Que um dia eu fora.
E me lembrar dos versos de outrora,
Que ficaram perdidos nos orvalhos
Dos jardins da minha infância.

Poesia de um cego

LAELDER RODRIGUES DE SOUZA

Abraça-me não como quem enxerga
Mas como um cego vê
Pelo que com as mãos sente
Com a visão com a qual você não veja.
A escuridão não se faz na mente
Embora não veja, consegue perceber.

Deixe falar o que não é de costume ouvir
Para que você também escute
O que a vida vive dizendo
Porque nela o que faz sentido é sentir
Tudo aquilo que se vai vivendo
Muito embora, quase ninguém isso busque

Não me olhe com esse olhar de quem só vê
E assim pudesse clarear os pontos escuros
Que só por enxergar pudesse tudo iluminar
Não se esqueça que, para perceber
O perigo, basta estar atento aos apuros
Que avisam como ele se pode evitar

Toque-me que eu consigo perceber
O que talvez em você esteja oculto
Por crer não existir, não dê atenção
E que como não consigo ver
A luz que eu mais busco
É o sentir que vem do coração.

Único

LAELDER RODRIGUES DE SOUZA

Tenho tentado mostrar o que sou
Na interação que sempre existe
Com tudo que cerca a minha vida
Mas muito pouco em si convive
E consigo traz o julgar com a errada medida
Do que sou esquece que passa pelo que estou.

Tento entender que em toda descoberta
Nem tudo poderei para mim querer
Se eu quero estar mais perto de mim
E muitos esquecem que estar tem fim
E nessa ausência tentam fazer
Com que o outro faça o que acham a coisa certa

Deixo o tempo passar para que se responda
Muitas das perguntas que dentro de si trazem
Por não aceitar o que eu posso mostrar
São muitos poucos os que fazem
A reflexão dos seus erros, que a vida aponta
De como com sua fraqueza a alguém ajudar.

E toda queda me diz o que sou
E entre acerto e erro me ergo
Porque o que estou será onde eu fico
Estende a tua mão onde estou
Porque em você, como eu me enxergo;
Único.

Mensagem ao poeta
(DE SEU ANJO DA GUARDA)

LECCO FRANÇA

Pequeno grande poeta
Que por palavras expressa
O que reserva o seu coração
E que a todo momento
Faz do sofrimento
Canção.

Em todas as noites
Seu sono velo
E aguardo o amanhecer
Para apagar a acesa vela
e ver seu sorriso que se revela.

Nem sempre posso te defender
Da desilusão
Fazer-te perder
O medo da solidão

Em meus braços
Quero confortá-lo
Mesmo sem saber o que falo
Para acalmar sua aflição

Eu preciso saber
O que se passa
Dentro dessa alma calada
Diante da escuridão
Por isso, diga-me, menino poeta
O que está por trás de sua emoção?

Infância

LECCO FRANÇA

Defronta-se sobre a janela
A criança.
As pessoas passam,
O tempo passa,
A criança brinca
Sozinha
E a sua imaginação
Cria um mundo particular.
A vida, uma quimera,
Segue seus desejos,
Suas expectativas.
A criança sonha
E em sua mente
Seus sonhos
Tornam-se realidade.
Afinal, tudo em arte se
Concretiza.

A/mor/ta

LEONARD LEMOR

Vou andando pela mente, cantando como demente,
sonhando o meu futuro, me baseando num passado incandescente.
Como da mãe que vê o túmulo de seu filho e chora,
como dela as lágrimas me escorrem, deixando claro onde a tristeza mora.

Já quase não sorrio mais,
quando a novidade chega, eu grito: Sai!
Não me permitirei sofrer novas mil vezes, é demais!
Já me canso de lembrar do futuro que vejo há meses...

Mas é dele que tiro o meu sustento.
Sorrio e seguro o olhar alto, virado pro céu procurando por um Deus.
E a única divindade que vejo é o amor que tínhamos com grande contento.
Uma cruz no alto da lápide, pintada de branco e manchada de preto.

Sorrio lembrando outra vez do passado que queria lá na frente.
Já me ajoelho e, cabisbaixo, desacredito do futuro bonito, estou descrente.
Meu sorriso vai sumindo por se alimentar de paixão.
Mas a minha morreu e a fome dele é de leão.

Passo cantando baixinho, arrumando meus cabelos e chorando a depressão.
Vou-me embora, saio de perto gritando o nome de minha paixão,
o canteiro de flores mortas todo ouve o meu desespero:
Volte pra mim, meu amor, não posso amar a solidão.

O monstro da desilusão

LEONARD LEMOR

Não me chame,
Estou ocupado curtindo a tristeza que me encheu.
Essa que você tão disposta me deu.

Não me olhe, estou feio, sangro.
Minhas lágrimas escorrem com sangue por te ver,
Meu sorriso se desfez, deu lugar a uma expressão vazia que sinto arder.

Não me beije,
sua boca agora tem dentes afiados, língua também.
Seu hálito é veneno, seus lábios aço gelado, e sua saliva é ácido.

E, finalmente, não me abrace.
Seus braços são espinhos agora, e já me feri muito dessa dor.
Não os quero mais, não quero nada além de curar-me do amor.

Vertigem

LILLIAN MELO

Dias sem rotina
Isolamento social
Todos imersos em medo
Vertigem diante de um terror viral

Nas ruas há extremo silêncio
Nas casas impera o estranhamento
Queríamos tanto ter mais tempo
E nem me importar com esse momento

Na época do terror viral
O medo impera o mundo
Alguns dizem que tudo passa
Mas o medo apenas se alastra

O que éramos, não seremos mais
A rotina nem sabemos
A alegria dá lugar à solidão
Vertigem é o que temos nesses dias que se vão

Vale do Jequitinhonha

LILLIAN MELO

Vale que saudade
Vale tanto tenho a conhecer
Vale que nem sabia
Mas já pertencia a você

Vale que tanto me ensina
Vale que pouco tenho a ajudar
Vale de que vale a vida
Vale sempre o irei amar

Vale de gente bonita
Vale do artesanato
Vale da cultura indígena
Vale das peças de teatro

Vale das amizades
Vale do amor
Vale de valer a vida
Vale que sempre me encantou

Momento

LUCIANA ALVIM

Quero um momento, sozinha perdida
Somente pensamentos sobre a minha vida
Um momento preciso para que só a minha alma
Reflita em minha face um sentimento que acalma

Eu quero um segundo, uma lembrança segura
De um tempo em que as noites traziam loucuras
Pode ser de alegria, de paz ou saudade
Um momento de dor, angústia ou maldade

Importante é ser, simples verdadeiro
Ser meu, somente meu, momento por inteiro.

Abandono

LUCIANA ALVIM

Chovia
Olhando a janela
Somente as gotas
Me faziam companhia

Sozinha
Perdida em pensamentos vazios
Sem nada ou ninguém
Ao meu lado

Caía
Lá fora a chuva
Em minha face
Lágrimas

Morria
Largado na solidão
Vazio e abandonado
Meu coração, partia...

Feita de Loucura

LU SOUSA

Minhas asas são feitas de loucura
De jogar-me de altos precipícios
E pousar feito beija-flor em sua doçura
Meus sentidos são feitos de loucura
De olhar cores e ouvir sabores
Tatear o ar como se pegasse nuvens
Meus pés são feitos de loucura
De caminhar em despropósitos
Como se fossem nossa cura
Meu sorriso é feito de loucura
De alargar-se por uma lembrança
E vibrar no deslumbramento que vislumbra
Meus braços são feitos de loucura
Estendem-se ao horizonte
E abraçam por inteiro o infinito
Minhas asas são feitas de loucura
Voam aos céus sem propósito
E provam o amor que é cura

Plano infalível

LU SOUSA

O meu desejo pra hoje é só estar com você.
As lacunas desse nosso plano infalível, você pode preencher.
Ponha doçura, daquelas de quando escorre pela boca entreaberta.
Um tantinho de aperto, no abraço de quando você me aperta.
Não esqueça da bobeira no sorriso,
De quando morde o lábio, me provoca,
Do olho diminuindo numa piscada cadenciada.
O corpo entregue!
Com as mãos, esfregue!
Se alguém jurar, negue!
Quando algo em nós brotar, regue!
Mas se acaso no meio da noite um de nós acordar,
E, no molhado de suor, houver fôlego pra recomeçar,
Coloque mais coragem, a ousadia incontrolável
De dois corpos na procura de sanar o desejo insaciável.
Traga mais pra perto seu calor a penetrar
No amor, no desejo, na fúria de se entregar.

Poema árido

LUIZ JUVENCIO CARDOSO QUAGLIA

Vastos espinhos e terra solta
Entre céus azuis e noites
As cores vão caçando
Os cenários de longe
Lugares últimos
Árvores duras
Cascas das intempéries
Rezas de terços
Esperanças de verdes
Pensamentos de fuga
No infinito do chão batido.

Sertão da Bahia, 18 de março de 2018 – LJQ

Átimo

LUIZ JUVENCIO CARDOSO QUAGLIA

Não tenho a caneta
nem o lápis eterno
nem a fonte tipográfica
nem o juízo do momento.

Não tenho a interpretação
de coisa nenhuma,
nem o susto de derrubar algo
para fazer barulho constrangedor.

Não sei o que fazer disto tudo,
que encobre esse átimo
de segundos passantes,
imprecisos e atormentados
com sua própria efemeridade.

Apenas tenho muitos ruídos
e não ouço coisa alguma.
Queria a manhã para ouvir os pássaros
e acordar sorrindo na sua luz.

Macapá - AP, 1º de setembro de 2017 – LJQ

Sempre

MADSON MILHOME

Eu sempre precisarei do teu amor
Na tarde que cai
No desespero do calor
Ou quando a glória se esvai
Eu sempre precisarei do teu amor
Como zona de desenvolvimento proximal
Como um singelo hino de louvor
Como a chuva de alma em seu quintal
Eu sempre precisarei do teu amor
Pois vem a ventania
O dissabor
A pandemia
E, de tanto precisar do teu amor,
Faço-me poema e epifania
Revelo o lírico que sou
Você é minha falsa alegria.

Poder do sentimento

MARCOS JOSÉ DE VASCONCELOS

Existem várias formas de poder,
Mas a maior de todas é a do sentimento,
Ele faz e acontece com o ser,
Deixa alegre e triste a cada momento.

É ele quem movimenta o viver,
Quem realiza cada pensamento,
Leva à maturidade e faz crescer,
Tudo isso é o poder do sentimento.

Esse é o lado bom de todo ser,
Por ele a emoção transforma todo momento,
Vai sentindo acontecer

Até que o coração aumenta o batimento,
Ao se emocionar com todo esse poder,
Que é se apaixonar no acaso do sentimento.

Flor da minha vida

MARCOS JOSÉ DE VASCONCELOS

De uma flor eu faço minha vida
E cada pétala é um momento meu
A pétala mais bonita
É aquele momento meu e seu.

No inverno as folhas caem,
E não resta nenhuma flor,
Suas pétalas me atraem,
Será que sinto amor?

Você é a flor que faltava
No jardim da minha vida,
E que brotou há pouco tempo
No canteiro do meu coração.

Você é a pétala mais bonita da minha flor,
Que vive em um belo jardim,
O jardim do amor,
Que persiste florido dentro de mim.

Fissura no espelho

MARCOS RODRIGUES AULICINO

cegueira da luz
dobra

ausência aguarda
enxurrada
desdobra em rio
arrasta correnteza
        lava
corpo, pele, chaga
zinabre, crosta, pátina
lenço, seda, licença
        palimpsestos

marca d'água
talho doce
reduz o risco
diamante

O espelho e a fonte

MARCOS RODRIGUES AULICINO

a dobra atinge os dois lados
no secreto se encolhe
aninha, desdobra, acolhe
fluxo, sorvedouro de afluentes
rios se encontram no tronco
centro centrífugo
árvore
vórtice
fundo-figura figura-fundo
tempos simultâneos
o espelho e a fonte
sístole e diástole
reflexos e vertentes
jusante, nascente
corre
resvala
luz que ricocheteia
o tiroteio mobilizou milhares de moléculas
vazio pleno
deslocamentos em vetores dispersos
invisíveis
no ar
só ar

E a minha liberdade, onde está?

MARIA APARECIDA DE SOUSA CARDOSO

Está no meu querer
E na minha vontade
De trazer a felicidade
Para me encontrar.

Está no canto do galo
Ao romper da aurora
Que escolhe a hora
De cantarolar.

Está no voo do pássaro
Que voa tão alto
E num sobressalto
Resolve pousar.

Está no céu estrelado
E no brilho da lua
Com a face tão nua
A me iluminar.

Está na brisa fria
E no soprar do vento
Sendo um acalento
A me tranquilizar.

Está dentro de mim
De mim tão somente
Que sou um(a) agente
A me transformar.

Está no meu falar
E no meu sentimento
Quando nem sempre aguento
A me deixar calar.

Está dentro do meu ser
E não me deixa morrer
Nem me corromper
Para não poder voar.

Está na minha mente
E nas minhas escolhas
Que não me deixam ser rolha
Cuja única função
É tampar e destampar.

Está também fora de mim
Faz parte do mundo
E em questão de segundo
Deixa-me libertar.

Rotina

MARIA APARECIDA DE SOUSA CARDOSO

Na penumbra da noite
Escuto do vento
O açoite.

Quando já é madrugada
Eu ouço o canto
da passarada.

Embrulho-me em meus lençóis
Tiro um cochilo e por
um instante ouço
tua voz.

Já é manhã e o sol brilha...
Brilha forte! Irradia!
Anunciando
Um belo dia!

E a rotina começa
sem choro e sem trégua
e me ponho a murmurar:
Que vida é essa?

Café

MARIA CLARA JUNQUEIRA

Tenho certa atração
Por grãos de café moídos,
Pois em pequenos pedaços
Mostram-nos a ineficácia que temos.
Pequenos brotos
Que, com muito esforço,
Hão de crescer.
Vivenciam tempestades
E dias com incomensuráveis horas
A fim de crescer
Para proporcionar um agradável aroma
A olfatos efêmeros
E propiciar
Um intenso sabor
Para aqueles que não apreciam
A peculiaridade
Que cada tempestade trouxe
E tentam superfluamente
Adicionar açúcar
À sua acentuada essência.

Ciclo seu

MARIA CLARA JUNQUEIRA

Volto em 8 horas.
Em um dia todo,
Preciso de 8 horas
Para pensar em você,
E em como te amo
Com cada parte que há em mim.
Nas outras 8 horas,
Costumo querer morrer
Quando lembro que não te tenho.
Não é posse, é permissão,
É de não poder ir atrás.
Mas lembro que se morresse,
Não teria mais nada em mim pra
Te amar em Terra.
E nas últimas 8 horas,
Com cada segundo embutido,
Finalmente gasto me convencendo de
Que não te amo mais.
Pelo menos até o último minuto.
Eu volto em 8 horas.
Que nem você pra mim.
Eu volto em 8 horas,
Quem sabe em um novo ciclo
De você em mim.
Volto, assim, com um novo medo
De usar as horas que não existem mais,
Pra criar coisas que também não.

Infância...

MARIA JOSÉ OLIVEIRA

Tenho sonhos de crianças
Cheios de imaginação,
Crianças brincam com bola
Mas inventam que é balão.

Tenho sonhos de crianças
Vejam só quanta ilusão,
Crianças vão para um balanço
E voam com o coração.

Tenho sonhos de crianças
E não é só fantasia!
Crianças brincam com tudo
E o nada vira alegria.

Tenho sonhos de crianças
Vivo cheia de esperança.
Que tudo seja tão simples
Como é a vida na infância.

Doce momento

MARIA JOSÉ OLIVEIRA

Como um pensamento,
O vento vai e vem,
As ondas vêm e vão,
O tempo vai, se vai...

Dança, criança,
A dança do tempo,
Que chega depressa
E dura um momento.

Ciranda, ciranda
Enquanto criança,
Que ninguém reclama
Do teu cirandar.

Sorria com as rimas,
Com os versos, os cantos.
Que nisso se faz
O teu caminhar.

E nesse balanço,
Que segues bailando
Teus melhores anos,
Já, já vão passar.

Saudades

MARIA LEIDE DA SILVA LIMA

E se eu tivesse te abraçado? Pedido pra não me deixar partir?
Talvez hoje não seria apenas uma recordação para mim
Ou quem sabe estaríamos por aí, em um lugar qualquer
Mas teus braços me soltaram, mesmo querendo que eu ficasse.

Então saí...
Nem deu tempo de olhar pra trás
Não lembrei de suas promessas que pareciam reais
Catei os pedaços de ilusão e parti.

Saí tão sem rumo de sua vida
Que esqueci deixar-te aí
E mesmo tentando me desgarrar
De tudo que pudesse lembrar você
Ainda assim, insiste em ficar em mim.

Naquele instante (amor), meus olhos secaram
De tantas lágrimas derramar
Só em saber que talvez nunca mais
Voltaria a ver o clarão daquele luar
Que só encontrei por aí
Clareando esse lugar.

Foram noites turvas que atravessei
E os dias? Ah! Nem eu mesma sei
Como tanto sofrimento aguentei
Mas confesso...
Eu muito te amei!

Não sei se pela mesma ironia do destino
Que nos fez um dia caminhar na mesma trilha
Possamos um dia nos reencontrar
E se esse dia chegar
Será que vou me calar?

Difícil vai ser
Controlar meu coração
Em meio a esse turbilhão de nó
Que ficou preso em minha garganta
Só esperando a hora de afrouxar.

Mulheres

MARIA LEIDE DA SILVA LIMA

Com raízes fortes fincadas no suor de outrora
Assim é que somos as mulheres do agora
Livres como pássaros
A trilhar os nossos passos.

Evas, Jezebeis, Dalilas e até a mulher de Jó
Assim fomos descritas pela história
Diante de um mundo machista
Sem piedade nem dó
Não por seus glamoures
Somente pelo poder de seduzi-los.

Porém, foi nesse mundo machista
Que esqueceram de fechar as portas
Hoje, vividas e imponentes,
Saiamos por aí semeando sementes
E quando encontrarmos um solo fértil
A vida nos brilha como festa cheia de confetes.

Somos donas de nossas escolhas
Nunca mais viveremos em uma bolha
Estamos debruçadas sobre o ápice da vida
Carregando conosco aquele tom de desaforo.

Epílogo

MARÍLIA ARAUJO

assombro de um passado mal terminado
limbo de existência
lembranças que se confundem
pessoas que as confundem
atuam uma vida
teatro de ilusões
as sombras de um destino
que saiu dos trilhos
desgovernado
também se perderam
no limbo dançam
não felizes
mas por procurarem alguma sintonia
algum sentido nas consequências
trilhos de luzes que as orientem
e tornem menos sombrio
o que um dia as originou

O homem cinza

MARÍLIA ARAUJO

faz dos dias quentes
abrigo para o frio
e não sabe ser cobertor
faz morada em outros corpos
e não clama por liberdade
faz propriedade do que não possui
e não aprendeu a ser doador
faz da vida um pote vazio
e não clama por felicidade
faz da dor
ninho sem cor
e não entende de amor

Carta para um garoto infeliz

MARÍLIA NAVARQUI

Ô garoto,
Um dia você vai aprender que ser feliz é momento
E que a nossa melhor versão de ser livre é ser solto no pensamento.

Ê garoto,
Você que via as novelas e sonhava atuar
Você é tantos no palco da vida, menino!
Ilumina tudo, garoto multissolar!

Ê garoto,
o cabelo bagunçado
o riso inteiro
o passo leve
o jeito mundo
o atravessar
a alegria
os olhos mel
Você já carrega, menino, tão precioso papel.

Ô garoto,
E as belas músicas que você ouvia no rádio?
Seu Astronauta de Mármore
Os quatro ciclos no escuro deserto
Há tempo para tudo, menino
Seu tempo é o hoje, o mais certo
Nesse palco em que a gente canta sem ensaiar
Você ainda sonha ser cantor e brilhar?

"Cante para mim!"
Ser feliz é tão agora
E pra cantar sempre é hora: "Cante para mim!"
Ouve o meu pedido sem fim?
Cante rios, terra mãe, flor na janela,
Pedra-mar, encanto da ilha, amor ousado
o presente, o universo, a família
a concha na areia, o abraço apertado, o sim
"Cante para mim!"

Você é tanto, menino solar!
Que a palavra rasante, o silêncio cristal
Têm o dom avassalador de nos atravessar

Sabe as rosas tão cuidadas da sua mãe no quintal?
Largue a enxada e colha algumas, garoto de fé
Passe pelo portão e as leve, de coração pleno
Para enfeitar a plantação do seu José

Leve, garoto, que é isso mesmo que você é.

Quarentena de estrela

MARÍLIA NAVARQUI

todas as tardes quase-noites, eu ficava com a minha mãe na área
ela fazendo crochê e eu fazendo pensamentos.
num desses dias, eu olhava o céu e as estrelas
na esperança de ver uma cadente e fazer um pedido.
fiquei esperando e vi um risco no céu
meu pedido foi para escrever bem bonito.

mãe, vi uma estrela cadente.
me repreendeu — eu tinha de guardar segredo
agora nunca mais que vou contar pra alguém
fala de mãe é mandamento na tábua da vida.

e então fiquei esperando por outra
queria fazer um novo pedido
um pedido de amor.

ela foi lá pra dentro tirar o bolo do forno e voltou,
disse que tinha de escondê-lo das formigas.
ri.
falou em esconder o bolo das formigas
com a singeleza de quem tenta esconder o coração do amor

a gente até põe num pote e guarda,
mas o cheiro inebriante é indisfarçável,
transmuta o espaço,
atravessa o vidro,
a pele,
o transparente,
o vermelho doce.
formigas e amor chegam, cedo ou tarde:
eles não são bobos.

nesse dia, não vi mais nenhuma estrela cadente.
resoluta, fiz meu pedido às estrelas estáveis
as que iluminavam tanto o escuro do céu toda noite

pois não é isso mesmo que faz o amor?

Momentos da vida

MARLENE GODOY

Doce ilusão é a vida
Sentida de forma doce e ardida
Quando tomamos ciência do tempo
Que vivemos com intensidade
E sentimos se esvaindo a mocidade.

Choro lágrimas de fantasia
Que rolam como doce quimera
Será que me perdi com o tempo?
Lembrando com alegria
De tudo que o amor fizera?

Será que me perdi com o tempo?
Ou foi o tempo que me perdeu?
Choro lágrimas que alimentam
A alma que entristeceu.

Para o Rafa, com carinho.

Tardes de costuras

MARLENE GODOY

Nossas tardes de costura
São regadas de alegria
Costuramos fantasias
Dos acontecimentos do dia a dia.

Nos reunimos nas tardes de quinta-feira
Eu, Zezé, Ester e Beatriz.
Conversamos amenidades
Sentimentos e saudades
Costuradas com a linha do tempo.

Arrematamos com lembranças
Dos tempos da juventude
Costuramos com paciência
Que amadureceram nossas atitudes.

Tempo! Sábio amigo.
Bordado com beleza
Mesmo nos momentos de tristeza
Alfinetados com destreza.

Depois de tanto trabalho,
Adoçamos com café e bolo
Que acalenta nossa alma
Nos trazendo um pouco de conforto.

Depois fazemos uma breve oração
Para agradecer ao criador
Por nos permitir mais uma reunião
Chuleada com fé e amor.

Costuramos o tempo
Com a linha do pensamento
Alinhavamos com o vento
Arrematamos com amizade.

Lobo em pele de cordeiro

MILENE COLIN

Tudo era lindo, ríamos de tudo
Fiquei tão feliz de encontrar o meu mundo.
Amor, amorzão, muitos apelidos carinhosos com razão.

Ele me amava, me abraçava, me beijava
Prometeu me dar estrelas que achei
Que ninguém fosse um dia capaz de alcançar.

Compramos um cachorro, formamos uma família
Tudo o que, um dia, eu disse para Deus que queria.
Um tempo então passou, o primeiro tapa chegou.
A voz dele se alterou, sua pele se transformou.

O medo me consumiu, o brilho dos seus olhos sumiu.
Não podia mais falar com meus pais, com amigos, todos que eram do meu lar!
Seu bom-dia era gritar, não sabia o que era ser amada.
Marcas vieram a aparecer, um dedo cheguei a perder.

Nosso cachorro ele matou, fui à delegacia e ninguém acreditou.
Cheguei a implorar, mas não interpretaram o meu olhar.
Eu não podia comentar, então sorria em busca de ajuda.

Celular não tinha mais, passeios nem sei mais,
Meus pais se afastaram, amigos fugiram de mim
Ele conseguiu tirar tudo de mim. Minha fuga planejei, esperei ele dormir
Mas as chaves sumiram e não sabia para onde ir.

Olhei pela janela e vi uma opção, enfrentei o meu medo
E pulei o mais rápido então. Machuquei minhas pernas, sangrava sem parar
Mas senti a liberdade em minha alma gritar.
Corria, corria, a luz o vi acender, meu Deus, o desespero veio me enlouquecer!

A esquina virei, com um velho me deparei
Fiquei feliz. Fui até ele implorar, para que me ajudasse, a um hospital chegar,
Mas no fim, não foi nada bom, porque ele tampou minha boca e pisou em minha mão.
A cada movimento seu, vi minha vida desaparecer, só desejei a morte me socorrer!

Fechei os meus olhos, esperei o fim chegar,
Mas nada pior, de saber que minha família não vou mais abraçar.
Esse é o meu final, não é nada feliz. Fechei meus lindos olhos e abri minha cicatriz.

No dia seguinte, no chão vão me encontrar,
Minha foto no jornal, vão estampar
Minha família vai me enterrar, o homem violento vão abraçar.
Porque nunca saberão que, em pele de cordeiro, habita um lobão!

Escolhas

MILENE COLIN

De rosa vou andar, pessoas conquistar
Sorrisos entregar, abraços confortar
Lembranças recordar, amizades ganhar
Experiências compartilhar, pessoas prestigiar;

Alegre ficar, flores plantar
Ser grata sem cessar, no lar repousar
Crenças respeitar, amar sem nada cobrar;

Preconceito sumirá, racismo morrerá
Crianças adotar, falsidade cancelar
Fome acabar, na escola da vida me formar
No trabalho me esforçar, paz de espírito encontrar;

MAS só escolho encenar, pessoas enganar
Sofrer passar, a todos magoar
Amores frustrar, desculpas sempre dar
Coisas do outro cobiçar, todo dia reclamar;

Meu fardo não carregar, os outros xingar
Mau humor por aí descarregar, nada valorizar
Animais maltratar, o mundo odiar
Violência gerar, educação enterrar, hipocrisia reinar!

Até o último dia na Terra serei assim,
Encontrando formas de me autodestruir.
Escolhemos o pior da Terra e então,
Serei infeliz para sempre, só existindo e odiando a minha nação.

Odo nnyew fie kwan

MÔNICA MONÇÃO

Retinta é minha tinta negra que não quer mais segredar a dor que faca e mata meu povo preto

Retinta é minha cor, motivo da discriminação, ação do preconceito que segrega e nega vida

Retinta é minha alma preta de orgulho África, ancestralidade, quem eu sou!

Retinto é o meu povo, que se retingiu de dores, cores e sabores do Brasil

Retinto é o meu sangue rubro e quente nos chicotes, nas correntes que persistem a nos ferir.

Retinta é minha pele, corpo, suor, batuque e dança, orgulho do passado, das lembranças

Retinto é meu presente marginal marginalizado, Ganga- Zumba e Zumbi.

Retinta é a tinta que escreve o meu futuro...

pela força e resistência eu (re) tinto o meu caminho:

Odo nyera fie kwan!

Adinkra: Odo nyera fie kwan = "O amor sempre encontra o caminho de casa". Ele ilumina seu próprio caminho.

Símbolo do amor, devoção e fidelidade.

Ubuntu

MÔNICA MONÇÃO

Eu sou porque tu és
Tu és porque eu sou?
Eu sou porque nós...
Porque diversos somos,
Diferentes e iguais
Iguais???
Tu és porque eu sou?
Porque diversos somos
Somos controversos,
Divergentes, diferentes
Fomos segregados,
Separados, classificados...
Mas eu sou porque tu és
Eu sou porque nós somos!
Porque ao olhar no espelho, vejo-te
E abro portas e janelas, olho para fora...
Vejo tua dor e ela me dói
Invadem-me as injustiças, as exclusões, as mazelas do mundo...
E elas me doem... Pois eu sou porque nós somos!

Como ser feliz enquanto tantos outros sofrem?
Eu sou porque tu és
E tu? És porque nós somos?
Seremos se formos
Amor e conduta
Se juntos na luta
Como o povo bantu, enfim...
Nos tornarmos UBUNTU

Estado de calmaria

NANCI OTONI OLIVEIRA

A paz se percebe no instante
Em que o ser vivente descansa
Sorri e faz uma nova aliança
Com o criador e suas bem aventuranças.

Paz, algo intrínseco que se sente,
Mesmo quando se passa pelo caos;
Mas nunca se perde a esperança
De que tudo de ruim ficará para trás.

A paz está além da guerra
Da fome, da morte e de todas as mazelas,
Que logo, logo vão passar,
Sem deixar o espírito de quem convive com ela se abalar.

Paz, algo de dentro para fora,
É onde a felicidade mora
E mesmo no caos ela vigora
E é muito, muito fácil de achar.

Paz não é momento só de alegria
Muito menos de grande euforia;
Mas estado de calmaria que perdura na mente e no coração
De quem com ela está.

Labirinto

NATALHA MUNIZ DE ANDRADE

Para
Causa
Desata-me, deságua dessa água.

Busco a fuga, minha culpa, encontro em
você
Aposto nesse aposto
Desgosto
Injusto, caótico
É egoico eu tentar me curar no seu
abismo.

Saboto-me quando te olho
Me desespero atrás da saída
É um labirinto tentar te entender
Tentar te esquecer.

Busco a cura
Pra cada parte de mim
Que quer se afogar no seu razoável
Ninguém nunca entenderia minha
profundidade
Psicanalítica ou comportamental.

Minha fuga não pode ser você
Eu só encontro o chão tentando me entender
Só piso em terra firme dentro de mim
Asseguro-me no meu eu
É ele que conheço.

Fecho a porta porque me encontro
Minha metamorfose dói
Lágrimas de sangue afogam meu travesseiro
É libertador
Egoico
Ferível.

As asas da Malévola retornam para as minhas costelas
Posso voar
Sentir o veludo das nuvens
Nenhuma gravidade é capaz de me prender
Quem dirá você.

Era uma ilusão do amor genuíno
Não era
Não foi
Foi a explosão da bolha
Já que tu és hipérbole
Caixa de Pandora
Uma surpresa por hora.

Posso voar na plenitude
Até o zero é infinito
No paradoxo que é você.

Suas antíteses
Narcísico
Quebra esse espelho.
Fugindo agora do labirinto que é você
Monstros aprisionados um dia encontrei
Cão que ladra e ainda morde
É você.

Fugindo agora
Eu tenho asas
Nenhuma gravidade é capaz de me
prender
Quem dirá você.

Nos nós de nós

NATALHA MUNIZ DE ANDRADE

Nossas almas dançando no céu
Decifraram o enigma do meu código
Arrancando da minha íris todos os
esboços de nós.

Tecendo nossos corpos
Ressuscitando mórbidos
Só nós.

Afogando os cílios
Doce beijo mel
Refletindo quadros de tinta e papel
Em nós
Só nós.

Planos eternos de paz
Num quarto de madeira
As paredes pintadas de giz de cera
Éramos nós
Eram os nós
Só nós de nós.

Minhas asas têm vida
Você as alimenta
Vê meu voo

E voa junto.

Não te deixo sem nós
Não desisto de nós
Eu sou seu próprio nó
Queria nós
Deu nó
Só nós.

Gostos turcos
Mentes tortas
Corpos juntos
Os pés direitos no futuro
Nós vamos cheios de nós de nós
Só nós.

Atando corações desenfreados
Dando nó no seu sistema acovardado
Na contramão do mundo vão
Lascando o coração
Com os nós de nós
Só nós.

Limiar

NELSON LUIS SANTANDER

> "A maior parte de sua existência é mais sorte do que você gostaria de admitir."
>
> **WOODY ALLEN**

quase
que
por
acaso

na casa
dos quarenta
e nove:

já é
quase
o ocaso

Singularidade

NELSON LUIS SANTANDER

antes de mim
                              bilhões de anos
                           que haverão de vir
                             também

depois de mim
em volta de mim
                                                         o espaço infinito
que além de tudo

continua se   e   x   p   a   n   d   i   n   d   o

                        reduzindo a tudo o
                            nada

que o
contém

tanto tempo
                                                    tanto espaço
                        e no meio de tudo
                        minha existência

tão
in-
finite-
si-
mal
                        que não dura
                              se-
                              não
um sopro
                                                          um espasmo
entre o início e o fim
            o que há?
                            um curto

espaço   de   tempo

Proibido abraço!

NILSON RUTIZAT

Hoje senti vontade
de me enrolar em teus braços,
mas na tevê, a notícia
me põe em embaraço.
Anuncia o jornalista:
está proibido o abraço.

Não pode nem um beijo
que aqueça o coração.
Cada um deve ficar em casa,
está proibido aglomeração.
Como vai um ser social
viver na solidão?

O abraço não pode,
esse é mais um aviso.
Ficar em casa é obrigatório,
nossa vida depende disso.
Mas não estaremos na solidão,
poderemos ver os "ao vivos".

Não posso ver o "ao vivo"
na tela de um celular,
e esquecer que estou
com vontade de te abraçar.
Porém, obedecer é preciso,
essa é a lei do vírus,
que está pronto para matar.

Vida em roteiros

NILSON RUTIZAT

Não vou escrever melodia
disfarçada de bela poesia,
que traga conselho de vida.
O meu viver de todo dia,
com certeza se diferencia
de quase tudo da sua lida.

Minha fonte de alegria
pode ser uma fantasia,
e a sua fonte de ansiedade
pode ser o segredo
para tal sonhada felicidade.

A vida não tem roteiro
quem aqui chega por último,
em algum lugar
pode chegar primeiro.
A vida não é só se decidir,
os indecisos podem sorrir.
E o sorriso que algo
pode me causar,
pode ser a causa
que leva você a chorar.

O único conselho que dou,
é que você conheça
e seja lá como for sua flor,
se é que você precisa de flor,
nasça, cresça e floresça.
Ou não, o roteiro de sua vida
É SEU!

Caminhos de mim

PATRÍCIA MATOS

Onde estou?!
Quem eu sou??!
No cais?
No caos?
Em alto-mar de mim
De me amar
Marola
Maresia
Amar
Mar
Profundo
Indecifrável
Berço de Iemanjá
Rainha de Ayoká
Dona das Cabeças
Cuida de Obaluayê
Meu Pai
Mar – Terra
Navegar – Caminhar
Nos caminhos dos Orixás.

O trafegar da vida

PATRÍCIA MATOS

Carros vão e vêm
Com uma intensidade
Que olhos vermelhos, verdes ou amarelos não contêm
Esquecem faixas
Ciclovias, transeuntes
O caos se instala na cidade
Faróis, buzinas,
Pneus cantando
Seu cântico não nos agrada
Fuligem envolve o ar
Patrimônio no chão
Erguem-se estacionamentos
Mudam-se sentidos
Qual o sentido?
Não há fluxo dentro do fluxo
Solidão
Pressa
Algum Lugar
Pessoas caminham e observam
Qual o sentido?
O sol se pôs, a lua nasceu
Tons rosados no céu
Seguem buzinas
Serão para homenagear a esplendorosa noite que chegou?
Qual o sentido?

Fenomenologia do seu cobertor

VICTOR ZAQHIG[*]

Aquele trapo vermelho.
Vermelho-escarlate.
Aveludado, velho e furado,
Dobrado, amassado...
Abraçado.

Junto a você passa as noites,
À sua espera suporta os dias.
Aquele que ouve seu coração,
Que roça sua virilha
E se perde entre suas coxas grossas.

Lambe e embala sua intimidade...
Acaricia seu joelho ferido.
O único que goza da sua pele,
Que guarda seu calor
E se contenta em ser só usado.

Podia ser meu coração.
Ou quem me dera,
meu amor...
Mas é sobre seu sortudo, velho
E rubro cobertor.

De tantas pessoas
No meu mundo,
Quisera eu ser seu cobertor
vermelho e vagabundo.

---

[*] Codinome artístico de Paulo Victor Zaquieu Higino, autor da poesia.

Tenho sede

VICTOR ZAQHIG

Devora-me,
E deflora,
Com tal violência
A inocência
Deste coração,
Que, com devoção,
Luta
(E perde!)
Para essa vontade
Nua e crua
De amar.

Lambuza
E fecunda,
Depois dessa labuta,
Meu corpo inteiro
Com tuas sementes
Agora branco
Em jatos quentes
Meu peito ardente,
Minhas pernas bambas,
De tanto e forte
Me dominar.

E tu
Ofegante
Respinga
Tua fronte molhada
Seu suor
Água sagrada
E salgada
Que minha pele veste
Enquanto
Último gemido eu canto
Chega à minha boca
Violada
Para enfim adoçar.

Retratos de antigamente

PÉRSIDA P. DA SILVA

Quando lembro, dói tudo aqui dentro.
Morreste quando ainda era inverno. Chovia e fazia frio.
Tiveste uma dor e partiste, sem despedida.
Deixaste tua lembrança, xícaras no armário, café na pia.
Chuveiro ligado, toalha na cadeira.
Nosso casebre era verde por fora com janelas azuis.
Do portão pra dentro seguia a calçada de pedra com grama e folhagens na margem.
Um salso-chorão bem no meio do pátio. Um balanço e um poço.
Hoje tapera esquecida, o mato cobrindo as lembranças.
Ainda vejo tua silhueta pelo pátio colhendo rosas pra enfeitar o vaso da mesa da
cozinha.
Teu cheiro está ali, teus passos, tuas pegadas na terra.
Pela chaminé saía a fumaça do fogão a lenha. Na chapa, bolo frito, leite quente;
gemada.
O xale no braço do sofá da sala e a colcha de retalhos.
Coleira latindo pelo pátio, enterrando o focinho no chão...
Parecia uma tela pintada à mão!

Lembranças

PÉRSIDA P. DA SILVA

Das feridas no coração da alma...
A minha dor se cala à noite.
E ressurge pela manhã.
Mas mesmo assim,
Que nesta manhã de outono
Eu encontre o alento
De uma alma cansada que encontra aconchego
Num abraço apertado.
Da janela, admiro as flores.
E a brisa gelada corta meu rosto marcado pelas dores da vida.
Sei que vou dar a volta por cima,
Esquecer tudo aquilo que encobre a minha esperança.
E que esse sol que já brilha lá fora irradie réstias de alegria
Nas dores da minha vida.

Quando tudo isso passar...

PRISCILA CRUZ

Ah... Que saudade de um abraço!
É ao abraçar que nós nos sentimos abraçados
É o levante quando estamos para baixo
A vida é mais vida dentro de um abraço.

O nosso momento agora é de nos afastarmos
E veremos que de fato nos amamos
Uns dos outros precisamos
Ah... A saudade vai apertar!

Quando tudo isso passar...
Vou correndo à casa dos meus avós
Abraçá-los bem forte
Quero rir, olhar nos olhos, conversar...
Deixar o amor falar por si só
Sentir aquele cheirinho de casa da vovó...
Vou perder as contas de quantos abraços eu vou dar!

Ah... Quando tudo isso passar...
Quero sair por aí, pular e rodopiar
Não estarei nem aí se vão olhar
A felicidade de viver ninguém pode nos tirar
Quero sentir o vento bater no rosto
Correr e saltar
E se der bobeira! Ah... Até cambalhotas eu vou dar!
Sorrirei aos quatro cantos do mundo
Direi que teremos todo o tempo para sonhar
E abraçar o mundo sem sair do lugar.

Ah... Quando tudo isso passar...
Seremos mais vida do que podemos imaginar
Seremos mais capazes de olhar
E ver o que antes não conseguíamos enxergar
Seremos mais humanos
E sedentos com muita vontade de abraçar!

Agora só nos resta esperar
Fazer a nossa parte para esse vírus não pegar
Arrumar aquela gaveta, colocar coisas no lugar
Ou até mesmo bagunçar, revirar...
Olhar fotografias quando a saudade apertar
Relembrar bons momentos, revisitar sentimentos
Fazer aquela receita que nunca tinha tempo...
Olhar na janela e ver o tempo passar
Pegar sol na varanda
Ver o pássaro cantar

E se a imaginação for fértil,
Por que não voar?

Ah... Quando tudo isso passar...
Vai passar...
Vai passar...

Pomar das Letras

PRISCILLA PAVAN

Amarelos vibrantes
Laranjas perfumados
Vermelhos aveludados
Verdes sonoros
Descrição sinestésica de um pomar frutífero
Uma paisagem... uma inspiração...

Metáforas vibrantes
Canetas perfumadas
Palavras aveludadas
Sílabas sonoras
Percepção sinestésica de um pomar de letras
Uma mensagem... uma inscrição...

As letras formando palavras combinadas
Em frases, orações e parágrafos
As árvores do conhecimento linguístico
Nascendo em terreno frutífero

Os sentidos e palavras suavemente se enlaçam
Entremeados aos galhos da árvore
Figuras perfeitas em esculturas textuais
Natureza e letras se abraçam

Universo

PRISCILLA PAVAN

Existem muitas cores no cosmos
Existem muitas cores na alma
Somos desde o branco pulsante da vida
Até os coloridos brilhantes da aura

O cinza angustiante do medo
A força dourada da fé
A gentileza de um rosa ameno
A tormenta escura da maré

Somos o azul-escuro
Do oceano poluído
O verde-claro da harmonia e do cuidado
A folha caída da árvore velha
O fruto vermelho adocicado

Somos o preto profundo
Da civilização que destrói
O violeta criativo e fecundo
De um novo povo que constrói

Somos pó de estrela
Somos nada
Somos tudo
Somos astros

O artista que cinzela
O espaço em branco do corpo
E do quadro não emoldurado

Num toque sutil no céu noturno
Um espírito movimentou a face das águas
As trevas e o vazio foram preenchidos
E uma centelha divina foi ampliada

O universo se transformou
Em uma paleta de cores infinitas
Transformações das mais diversas
Foram feitas e sentidas

O universo existe dentro de nós
E as transformações são iminentes
E ainda somos partículas subatômicas
Que esquecem da pequenez humana evidente

Guerras, conflitos, miséria, traição,
Dores e amores compartilhados
Somos meros espectadores da vida
Somos meras poeiras infinitas

Veraneio concreto

RAFAEL ANDRINO BACELLAR

I

Céu de mar
Som de nuvem
Vento doce
Coco que canta
E uma lua escondida:
Verão, pacífico
Porque concreto.

II

Mar de nuvem
Som de céu
Canto doce
Coco que venta
E uma lua escondida:
Verão, porque
Pacífico, concreto.

III

Nuvens doces que ventam no céu
Coco e som do canto do mar
E uma lua escondida:
Um verão pacífico.

IV

Algodão-doce, tempestade de verão,
Cocada, canções para Iemanjá,
E uma lua indo ao Pacífico:
Concreto mesmo só o acaso.

Outdoor

RAFAEL MONTOITO

Queria projetar uma foto tua no prédio vizinho,
fazer um outdoor pra ver teus olhos verdes
me olhando
e diminuir um pouco a solidão desses dias.

Mas isso assustaria meus vizinhos
e tu saberias do meu amor pela fofoca dos outros,
não por mim mesmo.

Então eu revejo teu filme favorito,
faço amor contigo no banho
e te imagino na minha cama antes de dormir.

Não tenho outras reclamações da quarentena,
nem tenho medo do vírus.
Meu único medo é morrer e não ter quem te entregue aquela coleção de livros que já te prometi,
do nosso escritor favorito,
cuja obra segue pegando pó na minha biblioteca.

Sobrenatural

RAQUEL PEREIRA CARVALHO

Não existem Santos na Terra
No anseio da tua vontade
No céu do improvável
Eles se materializam
E
De repente
Tu és Luz
Foi feito o milagre
E depois, sozinho, tu voltas a pecar

Sem panos, sem lenços

RAQUEL PEREIRA CARVALHO

Atravesso o deserto, sozinha
Que surpresa! Colho as flores do caminho
Me revelo sem panos, sem lenços
Não quero que seja secreto,
Não quero que seja um lamento
Admito minhas falhas, o que não deu certo...
Isso é bom, é crescimento
Hoje sou fortaleza
Ontem fui tormento

Amo-te agora

REBECCA ANN NORTON

Abro os meus olhos
Ouço o som da garoa
Batendo contra a janela
A luz fraca do pôr do sol
Invadindo e iluminando-nos
Deito a minha cabeça no peito
Do meu amado

Acorde, acorde
Me deixe te ver
Quero te sentir
Beije-me, beije-me
Quero te amar agora

Sinto ser tão sua
Quanto você é meu
Vamos nos amar sob a lua
Tudo o que eu quero é o cheiro seu
Durante todos os meus dias

Ei, querido, esquece o trabalho
Vamos aproveitar um pouco
Temos tudo o que precisamos
E o que não temos,
Podemos deixar que a vida nos dê

Pegue em minha mão
Deixe-me te guiar essa noite
Até o Olimpo
Te fazer um deus de verdade
Alguém para quem eu possa ser devota
Ouça os barulhos à tua volta
Ouça os cavalos relincharem
Ouça o rugir do vento
Agora deixe seus músculos relaxarem
Enquanto descansa a cabeça
Bem perto do meu coração

Andar com os pés no chão

REGINA CHAVES

Eu quero a liberdade de me encontrar sozinha, poder me olhar no espelho... Tocar o meu corpo, me sentir querida!

Eu quero sentir o prazer de estar só. A liberdade de me descobrir... Fugir do enlace romântico. Deixar a vida me conduzir!

Eu quero o silêncio e o barulho! Burilar pensamentos, ler um livro... Quero ter a chave do meu tempo. Andar de costas, tomar banho na chuva, comer com as mãos...

Eu quero sentir o que há de melhor em mim. Surpreender-me com meu imo, neurótico!

Gritar ao tempo, gritar ao vento... Ouvir o canto do beija-flor. Ter tempo para os amigos... Roubar uma flor!

Eu quero! Eu quero descobrir o prazer e a especificidade de estar só! Andar com os pés no chão! Acordar do outro lado da cama.

Rasgar as convenções e em outro momento... Fazer parte da elite que acolhe e dilacera! Eu quero poder te escutar, embaralhar teu pensamento... E se puder, ouça-me, sem reproduzir... Contradiz meu pensamento!

— Eu quero a liberdade de ser... Amante de mim!

Um canto de Luz

REGINA CHAVES

A morte, fim das agruras humanas!!!
Enquanto vida tiver, lutarei até o último suspiro,
— Minutos que me antecedem... de mim sai voz!

E ela ecoa em busca de outros acordes,
— Ainda que longínquos... será ouvida!

Deixarei parte de mim em recordações viajadas em cordilheiras
— E o tempo não vai se atrever a me levar ao esquecimento!

A pulsão de vida que me trouxe à existência está latente,
— Ainda que o fôlego esteja dissipando, eu vivo!

Vivi e experimentei de subjetividades... do amor, da emoção, do tangível...
— E de transformações capazes de me fazer simplesmente humano!

Penso que nessa odisseia que se chama viver, a minha alma esteja contente

Pela sensibilidade de perceber a gentileza da vida,

Ainda que eu falhe e me veja em confusão, a história em respingos...

— Não se apagará!

Pelo afago das mãos, eu permaneço vivo

No canto de passarinhos, na brisa do mar, no cheiro da terra molhada, na criança a ninar

— Caminhando, permaneço intrínseco às recordações... e no silêncio, eu sonho!

O poder da arte

REJANE LUCI SILVA DA COSTA KNOTH

Quem tem o poder de emocionar a ponto de nos modificar,
De converter nossa tristeza em alegria,
De nossa dor abrandar,
E ainda nos inspirar, de cortesia?

Quem tem o poder de nosso humor alterar,
De nos produzir mais energia,
Além de nosso pensamento estimular
E colocar em nossa vida só melhoria?

Quem tem o poder de nosso dia a dia animar,
Tornando-o mais colorido, com toda simpatia
Com beleza e simplicidade para nos alegrar
Parecendo magia?

Tem o poder e a força de nos completar,
De causar euforia,
De transmutar,
De nos alimentar com fantasia?

Tem o poder de metamorfosear,
Sem apatia,
De transfazer, de transmudar,
E carregar sempre um pouco de poesia?

Quem tem este poder sobre nossa vida, tenho que nomear
É a ARTE! Música, pintura, literatura, dança, cinema, teatro ou fotografia
Todo tipo de ARTE vale a pena para nos empoderar
Pois viver sem ARTE torna a vida sem sentido, sabia?

É o amor!

REJANE LUCI SILVA DA COSTA KNOTH

Há quem diga que o amor só existe na teoria
Que o que há é um interesse de momento
E que não passa de uma utopia.

Há também quem diga que o amor só existe em poesia
Que é apenas um sentimento qualquer
Resultado de outro: da simpatia.

No entanto, não misturando realidade com fantasia,
O amor surge quando há um chamamento
E acaba produzindo "um pouco" de sintonia.

(Na teoria)
Um gosta do frio das montanhas; já o outro, do sol da praia, do calor
Um aprecia uma feijoada completa; o outro, uma boa pizzaria
Um prefere os livros; o outro tem preferência por televisor.

O outro pensa em ser rico, ter muito dinheiro
Aquele um só pensa em sentimento
Sonha em ter um barquinho; já o outro, em comprar um veleiro.

(Na poesia)
Entretanto, estar um sem o outro, eles não desejam
Construir objetivos juntos, é o que pretendem
Ter e dar prazer um ao outro, é o que almejam.

Querem ser um só, apesar de toda diferença
Só pensam em ser felizes juntos
E sonham em ter do outro somente a presença.

Não é só que existe um sentimento entre eles, é que eles querem se amar.
Não é que eles não podem viver um sem o outro, é que eles não querem.
Na verdade, é que eles vivem dia a dia a se respeitar, a se apaixonar.

Então, é o amor!
Que mexe com o coração, que mexe com a cabeça e os deixa assim...

Vácuo

RENATA OLIVEIRA ALMEIDA MENEZES

No vácuo do futuro incerto,
Adquiro velocidade
Quanto mais o chão fica perto,
Menores são as possibilidades

De que nasçam em mim asas
De que eu volte para casa
De que eu não me desfaleça
De que o medo desapareça

Galopantes são os últimos segundos
Sufocantes, porém libertadores
Em lapsos passa todo o mundo
Os instantes são da calma, predadores

Múltiplos julgamentos
Tentam reger meus movimentos
Aumentam a carga sobre mim
Anseiam desesperadamente meu fim

Eu posso até cair
Mas minha honra ficará inteira
Minha convicção não vai se esvair
Por pressões estrangeiras

Sou o meu próprio país
Sei quem sou e o que quis
Ninguém vai ditar meu caráter
Sou minha fé e não quem me bate

O vácuo se desfaz ao encontrar o ar
A injustiça se vai com a chegada do verão
A tristeza que parecia jamais passar
Com a paciência, torna-se realização

E a minha coragem mostrou-se alada
A pulsação do meu peito não foi amordaçada
Aprendi a voar ao conhecer o precipício
Não seria a mesma, se houvesse outro início.

GrAMA(r)tica

RENATA OLIVEIRA ALMEIDA MENEZES

Eu te aprendo, tu me aprendes,
No entanto, não nos apreendemos...
Eu te compreendo, tu me compreendes:
A compreensão, sim, sempre conjugaremos!

De amor, eu te envolto, tu me envoltas,
Na permanência do tempo presente...
Mesmo com a liberdade que voa em volta,
Fico inerte em teus braços, sem correntes!

Inseparável é o verbo do sujeito,
Não há vírgula ou qualquer barreira,
Que de separá-los, encontre jeito,
Para que a sentença não seja inteira

Eu me atrelo aos teus predicados
E te conjugo ao meu modo:
O imperativo é dispensado,
No livre indicativo te acomodo
Soletro teus adjetivos
Na rítmica das tuas vogais e consoantes
Desnecessários são conectivos,
Nada que de ti venha é desconexo ou destoante...

Eu te reúno, tu me reúnes
Recompomo-nos quando despedaçamos,
A harmonia converge e nos une
Porque tu me amas, e eu te amo!

Eu era, tu eras, no entanto, hoje somos
A completude da terceira pessoa do plural
Vejo que meros substantivos já fomos,
Quando pensávamos conhecer o ponto final...

Eu te respiro, em ti me inspiro,
Já que na minha gramática particular,
Tu és o pronome, que para mim aspiro;
És o verbo que mais gosto de conjugar!

Cais

RENATO JOSÉ BICUDO

Todo cais
é um repositório de
saudade,
uma evanescente
espera,
um inconsolável
adeus.

Comedimento

RENATO JOSÉ BICUDO

Palavras emparedadas
Convulso
Turbilhão
Vozes distantes da
Alma
Reticências simuladas
Signos em franca ebulição
Nos teus olhos
Estão inscritos
Em cristalino lampejo
O findar-se iminente
De uma pérfida
Ilusão.

Aquarela do cerrado

RENATO BUELONI FERREIRA

O pincel dança na raspa da pedra
a cor abraçando as cerdas
instrumento vestido de tinta
que acaricia a folha branca
deitando tons terrosos
traçando a fina linha de raízes
esfumaçando a poeira do chão
agarrada nas folhas secas
ou disfarçadas de aridez discreta.

Cerrado de vida oculta
beleza em nuances de marrom
terra em sutil cartela de cores
variações de um Brasil vivo
de um solo pisado por gente boa
de pedras que tingem a vida
de vida que se esquiva de espinhos
de espinhos que ferem
e derramam o vermelho bruto vivo
o sangue que colore pedras
que deixa cicatrizes de bem viver
desenhadas na pele,
numa aquarela de cores do cerrado.

Não poeta, a dor

RICARDO AFONSO-ROCHA

Queria escrever
Pequeno
Leve
Sutil
Formal
Poesia
As palavras
Sobre palavras
Sem coisidade
Neutra mundana
Invicta
Surradas linhas
Sobre nada
Estranheza
Não desautomatizei

Atordoada
Legibilidade refratária
Sonoras frases
Inauditas
Escritas com suor
Transvermelho
Espartilham-nos
Temerosa
Política de desenlace
Cinérea!
Vidas soturnas
Lorena Vicente
Não mais

A ponta da caneta
Escrevia
Não eu!
Ele,
Nós-político
Sem liras?
Gira
Vira

Nunca, 1964

RICARDO AFONSO-ROCHA

Estava lá?
Não sei
Eu?
Ei, não-nós
Dói
Ouvi Lágrimas
Gostavam de fim
Aquele sorriso
Perfura
Queima
Arde
Aquelas mãos
Rasgam
Violentam
Apagam
Fôlego
Algemado
Perversos
Gemem Alegres
Floridade desbota
Em ruínas
Memórias
Temo?

Não posso
Quero?
Não vou
Supero?
Foi eu?
Um número
Derrete-me
Sou pó
Sou nada
Só
Aquele prazer
Não esqueço
Como podes?
Gozava
E
Matava-me
Faz anos
Dias
Apenas
Sofrimento
Numérico
Reduziram-me

Espelho

RODRIGO LOCURA*

Covardemente apagava a luz
ele não via nada
nem meu medo

Por vezes acendia a luz
saía antes de refletir-me
escutava seus protestos
eu ria

Aos olhos dele
pude mudar a letra
de desenho e sentido
porque meu rosto
provocava amadurecimentos

Via-me no espelho
distanciado dos traços
do retrato rosa
na parede azul

Várias vezes
afirmei ao espelho
aquilo que ingenuamente
achava não ser capaz de refletir

Subestimei-o...
... ele é um caleidoscópio

---

* Codinome artístico de Rodrigo Graboski Fratti, autor da poesia.

Nietzche mora em mim

RODRIGO LOCURA

Que singularidade
há num corpo dissonante
que aprende a amar
a vida como ela é?

Se escorre como líquido pelas mãos
os imperativos universais
se as instâncias dos modos
e do agora são o real...

A quem cabe esse corpo singular
a não ser a mim mesmo?

Se os desejos das trocas
circunscrevem a potência de agir
o mais longe possível
das lógicas racionais...
... ainda que as investidas
sejam frustradas
confusas e incompletas...

A quem cabe esse corpo singular
a não ser a mim mesmo?

A embriaguez
a desobediência
os ruídos
e a experiência estética...
... têm me permitido;

...o entre lugar

A palavra-faca

RONALDSON

Preciso de poesia
Como um prefixo
Um órgão
Um fígado pr'esse mundo

Preciso de poesia
Como um delírio
Prolixo, pró-lixo
Um destempero
Embriaguez de submundo

Preciso de poesia
Se existo, insisto
Incisão de ourives
A precisão: sem matemática
Palavra-faca, em lavra
Da palavra

Preciso de poesia
Como escritura
Menos em papel que lápide
Cicatriz nervura sutura:
Até que sinos e por colinas
sóis se dobrem

Preciso de poesia
Como quem morre.

(Aracaju/SE)

Água de coco

RONALDSON

É uma coisa grávida
guarda surpresa em suas entranhas,
sob a casca da rocha limada
frente ao azul do ar
— o fruto esconde líquidos
que roubou do mar.
Sua doçura escondida
entre brancos de neve tenra —
de neve morna
(carnadura que se sente
quem passeia o dedo pelo útero quente).
Açúcar que se fatia ao corte,
à foice de qualquer dente.
O que trará suas águas
além de conchas e ostras
e nunca sal,
esse mar nem todo mal?

Oh, águas de doçuras uterinas
forjadas em torturas e revoltas
marolas de tempestades remotas
no fruto,
no oco do coco,
tão tranquilo,
guarda seu mijo de anjo
menino,
lago intestino.

E na rede, é arma para verões e
terríveis sedes.
Sei seu mínimo mar mineral
onda de sais docinhos:
é uma lágrima de Deus
velada num cofre verdinho.

(Aracaju/SE)

Riozinho

ROSA PAZ

Eu vi
Vi árvores inteiras
Arrancadas à força
Das beiras
As lenhas, as madeiras
Roças de milho
Galinhas, porcos,
Sonhos desfeitos, corpos
As lides das casas, as mãos cansadas
As tábuas de lavar roupas
Os varais, as hortas, os jardins
Calos e cabos de enxadas
Tudo passou por ali
Naquele leito que não era de descanso
Extravasado e nervoso
Aos trambolhões
Levando pedregulhos e cascalhos
Sacos de cereais, telhados de celeiros
Sementes, cercas e moirões
Vi derramado o leite,
Fonte de renda e alimento
Esvaindo-se na enxurrada
Que roubou das famílias o sustento
Era escuro, mas eu vi
Tudo isso passar
Naquela água barulhenta
E por um instante

A lua foi clara o bastante
Para que eu pudesse ver a correnteza
Envergando as taquareiras
Fiquei assustada! Como podia ser tão violento
O riozinho da nossa infância?
E se sua força levar embora
O melhor lugar de tomar banho
A melhor taquara para os caniços
Os anzóis em espera
As sombras dos nossos piqueniques
Nossas criancices e brincadeiras
A nossa árvore de laranjeira
As nossas pedras de estimação?
No outro dia lá estava ele...
Distenso, em mansidão
No mesmo lugar de sempre...
Como se nada tivesse acontecido
De cima da ponte eu vi
No meio da leve correnteza
Continuava lá, exibida
A minha pedra preferida!

Melancolia

ROSA PAZ

A mesa da sala
Veste-se com a toalha
De outros Natais guardada
No pinheirinho de sempre
Enfeites desbotados
E bolinhas descoloridas
Igualam-se aos olhares opacos
Sem muito entusiasmo
Olhos procuram
Em meio aos galhos de papel laminado
As estrelas de sua infância

De poucas luzes, o Natal de hoje
Já não brilha tanto!

Escolhe a mesma louça
Que todo ano é usada...
Outros anos fiz assim
Este ano você me ajuda
Podemos fazer diferente!

Ah, espero que me desculpem!
Não quis me ocupar com presentes.

Contos e cantos

ROZIELE OLIVEIRA

Quem conta um conto
Aumenta um ponto
Quem canta um canto
Aumenta o encanto
Quem tem o encanto
De me encantar
De saber sorrir
De saber chorar
Conta um conto
Canta um canto
Encanta, anima e acalenta
O corpo, o coração
A alma
Um canto cheio de melodias
Um conto para fazer rir
O encanto de manter a certeza
De uma vida que está a sorrir
Com a alegria a invadir
Redimir
Esse coração cansado
Esse coração em dor
Contando ou cantando
Trazendo para a vida mais cor
Sabor, amor
Conte, por favor, um conto
Dez ou mil

Cante, por favor, um canto
A melodia de fio a fio
Chore, sorria
Viva o encanto e a magia da felicidade
Presente e viva no dia a dia

Semente

ROZIELE OLIVEIRA

Pequena semente de amor
Que em mim encontrou um lar
Floresce, cresce, me encanta
Pois aqui é o seu lugar
Semente tão pequena e franca
Em meu seio tranquila a dormir
Acorda, germina e brota
Pois a vida está a te sorrir
Germinar não é tão fácil
É doloroso me deixar
Mas cresce, pequena semente
E de amor vem me inundar

Do trigo ao pão

SÉRGIO NEWLANDS

Semente lançada há muito na terra, coube ao Mestre separar o joio do trigo.
Do primeiro, palha seca em fardo bem amarrado, na sombra guardado para seu melhor destino, fogo de palha a alimentar a lenha no momento exato da fornalha do pão da vida...
Do outro, gérmen nascedouro, longo caminhar nas mãos do artífice padeiro...
Secar ao sol, bênção do Ser maior.
No tempo certo, pilão adentro, ventre fértil, macerado em cântico de louvor, bastão sobe e desce em viril movimento... braços e pernas no primeiro suor do compasso do acasalamento a desfazer os nós da semente até virar farinha... homogênea matéria, igual substância.
Feliz, o padeiro a embala ao som macio das águas, ao toque sutil do sal da terra, tempero da vida eterna, e no descanso merecido após tornar-se pó, água e sal e dia e noite... fermento é o tempo.

E canta o galo anunciando a chegada do sol, e o padeiro já batia a massa antes desse clarear... anunciação é a sova necessária para ficar macia, livre, pronta, maleável e firme...
Prepara as formas o padeiro artífice. Arte para o deleite dos sentidos. Tudo preparado, toma o joio seu lugar de honra: devorado será o primeiro a arder no caldeirão... a lenha humilde jaz em cinzas e brota o fogo ardente desta alma em redenção...

Estar pronto à fornalha da transformação exige o cumprimento de todas as suas fases.

O pão só será o seu melhor possível se todos cumprirem seus papéis sagrados...

Há os que desprezam o joio...

Na fornalha, a lenha não arderá no tempo exato, o pão queimará e terá o gosto amargo do carvão, para lembrar o erro do esquecimento passado...

Há os que, na pressa do sucesso, perdem seu fermentar, depois serão poucos que aceitarão a dureza de sua textura... a pressa será para os miseráveis e famintos o pão rijo da misericórdia...

Há os que, enfim, pouca lenha oferecem. Esperam que o joio cumpra esse papel...

Tendo a sorte de um tempo bom e sendo boa a localização do forno, muito sol sobre a coroa, forno quente já será quase ao natural, e a massa cozida rápida pelo calor fugaz do joio trará raro sabor aos pães que, se hábil for o padeiro, os fará pequenos para compartir com muitos, a compaixão fraternal reinará.

Mas quem dispõe de todas essas auspiciosas condições?

Joio queima rápido e tosta a casca, mas o miolo permanecerá cru ou mal-assado...

Que falta não faz a lenha humilde em sua mansa e entregue rendição! Serva dócil, suas cinzas voltarão à terra ou se unirão a óleos perfumados e argila para unguentos de cura ou loções de beleza...

O padeiro lava, enfim, suas mãos.

A ceia está pronta.

O Lugar

SÉRGIO NEWLANDS

Onde respira o pássaro antes do voar,
E fluem os peixes livres a nadar,
As flores da alma florindo, perfumam os corpos, inebriam o olhar...
No transe a pele vibra, aquece e pulsa mais forte o querer, muito bem-querer...
Nada além. O mundo, o tempo, o pensamento, o depois... o real se basta em dois.
Caminha ao Um, em canto e gemidos, encantos dados, corações enlaçados em amor reunidos... autoassumidos, curados, vencidos pelo Todo-belo, "aquele que encanta o encantador", triunfador do cupido...

Que lugar?
Uma caverna longínqua,
Uma cabana esquecida,
Um ninho escondido,
Na árvore da vida recolhido...

Quem ousará adentrar em tão distante redoma oculta em pedra?
Quem terá a rota para descansar junto à lareira após longa jornada?
A quem será dada a possibilidade de, já tão próxima à árvore da chama ardente, encontrar o ninho oculto dos pássaros do paraíso?

Aos que têm asas no coração,
A quem possa interessar pôr suas velas em mastro erguidas,
Para todo aquele que tiver no coração do tesouro seu mapa...
Não haverá outro lugar, ponto de chegada...
Uma vida inteira poderá lhe ser atribuída em dor, sem piedade, sem parecer ouvir o seu clamor...
Mas se acaso o coração parar de arder em definitivo, só restará a sombra como estalagem...
Seguir, então, parece ser mais valoroso do que apenas o querer chegar, e desfrutar, por fim, as delícias de seu lugar.
Afinal, compreender da riqueza Real, a simplicidade e pureza de Ser, que sabedoria é um grão recolhido passo a passo na longa jornada...
E se o fardo lhe pesa o caminhar, e se ainda longe se sente de seu lugar... para, então...
Encontra em um refúgio teu alento e recicla teu olhar.
O fardo pesa na impaciência, mas é leveza no sorriso e no brilho do olhar do sábio...
Encontra dentro seu lugar secreto.
Sem ele, qualquer palácio é uma torturante prisão.
Com ele, qualquer caminho é jardim em flor.
Para o coração perdido, a poeira do chão é o templo sagrado.
Prostra-te então, encontra seu lugar junto ao grão de areia...
Quando no grão encontrar o mundo, conhecerá então, o saber.
Verá então, guardados em segredos, os beijos perfeitos dos amantes em sua cabana escondida...
Assim tem a bússola, o mapa e a rota.
O encontro está marcado.
O caminho será leve, então.

Que assim, de grão em grão, beijando no chão, sua amante em doação, possa a alma em chama viva chegar à árvore ardente e finalmente, em voo leve e plumas brancas, do coração em asas abertas, chegar ao seu secreto ninho, realizar sua comunhão, encontrar em definitivo e indescritível, intransferível, o seu verdadeiro lugar...

Leio-me

SILVA, M.F.

Descobri ao certo a Atlântida da escrita
O subterrâneo transmutar da poesia
O mundo que me conecta a mim mesma
Que me leva ao avesso dos versos que escrevo.
A vida é o traçado percorrido a lápis
De verso em verso a desaguar nas estrofes
Que ao rimar das situações me conjecturam
No parir de meu eu.
Sou um ser errante
Na busca inconstante
Em se constituir no instante
Da simplicidade de cada ato
Da incerteza das decisões
Do arrependimento dos erros
Da alegria do alcançado
O viver me faz poema
A poesia me faz vida
Mas o que me ocorre a cada página
É ser mais entrelinha do que linha
Encontro-me mais
No não escrito
Do que no escrito
Nem sempre sou o que demonstro
Nem sempre falo o que pronuncio
Nem sempre penso o que articulo
Nem sempre estou onde enraízo

Escondo-me nos egos que projeto
Nos sonhos que idealizo
Nas mentiras que invento
Nas verdades em que acredito
Sou esse ser errante
Na busca inconstante
Por um poema revigorante
O viver me faz poema
A poesia me faz vida
No percurso inexorável de ser
Aprendo a conviver
Com o que sou
Com o que não sou
E com o que quero ser
Sem me esquecer
Que sou tudo o que os outros são
Que em mim estão.
Para então apaziguar esse meu ser
Na leitura a proceder
Da poesia da vida
Ou
Da poesia lida
A me submeter
Ao abrir desses livros
Posso dizer:
Leio-me.

E mesmo assim...

SILVA, M.F.

A vida consubstancia-se
Num piscar de olhos
Já parou para refletir?
E mesmo assim...
Somos superficiais no viver
Estamos a um instante do inexistir
E mesmo assim...
Cegos em eternizar o habitual
Escravos no imutável presente
Veneramos inebriantes o fugaz
O que se esvai por entre os dedos
Como um breve sopro
Como a areia fina que escoa
Por entre as vísceras
Do eterno ser
E mesmo assim...

Desconhecida

SOLANGE RABELO

Certeza.
Difícil, não é?
Resistência,
nunca tive,
tento entender,
vale a pena buscar.
Sozinha conheci
a única coisa da vida
que dá medo,
a solidão.
Aproximando e afastando
desta desconhecida,
encontrei um lugar
confortável.

Fundiram-se

SOLANGE RABELO

No dia em que o viu,
o preservou para si
abriu espaço para o imprevisível...
Desenhou uma flecha,
lançou em sua direção,
por um segundo,
os olhos cruzaram,
sem trocar palavras,
fundiram-se,
sem início nem fim,
suspensos no ar,
surpreendidos
viram-se,
assimétricos,
simétricos,
complementares.

Silêncio

SHEILA MARTINS

Silêncio
assim me comunico
              sinto
                    danço
Silêncio
assim me deságuo com o movimentar das minhas mãos

Silêncio
assim que minhas voz-sinais
ecoam e atravessam o espaço-tempo da vida

Silêncio
assim vivo!

Griot

SHEILA MARTINS

Moyo

era um ser ancestral
com a missão de transmitir conhecimento do nosso povo
POVO AFRICANO

Moyo

era um griot
de suas mãos transpiravam memórias
era guardião da cultura
era alquimista das palavras-sinais
era quem se comunicava em língua de sinais

Moyo,

as palavras estão em suas mãos
Conte-nos nossas histórias...
Motubá!

Falta

TAINÃ ROSA

Que falta me fazem as coisas que não vivi
Origens escurecidas silenciadas
Experiências e conhecimentos vagantes são meus e não me integram

Ancestralidade: espectro do antes
Saber longínquo que queima no peito
E garante a memória

É história, costume, tradição
É possibilidade de transição
Transformação

Meu corpo móvel e movente
Conta saberes penetrados por rachaduras de experiências
Inteiro em força
Nunca silencioso

Dia de festa

TAINÃ ROSA

Hoje é dia de festa!
Dia de colocar a roupa de domingo
Tomar banho gelado pra acordar

"Punhar" farelo de pão no guisado pra render
Juntar lata, panela, caixa pra barulhar
Dia de pulsar tamborim, tamborilar

Despertar

TALITA COELHO

Acordou,
não por culpa do alarme
ou pela luz do sol.
O quarto estava escuro,
e o aviso na porta dizia:
não incomodar!
Ela aceitou abrir a janela da alma.
Deixou seu coração exposto,
sentiu o sangue correr pelo corpo e
resolveu que não podia esperar.
Ela despertou à vida.
Foi difícil e doloroso,
descobrir os seus próprios gostos.
Abrir os olhos para a verdade
e descartar quem era de mentira.
Precisou de solidão para ficar vazia.
Agora podia se encher do que quiser.
Não foi fácil vencer a preguiça
e mudar o que sempre foi.
Desculpou-se com ela mesmo
pelos anos de covardia.
Procurava refúgio nos corações alheios
e perdia-se por inteiro
quando precisava partir.
Agora ela mora no amor-próprio.

Sexo frágil

TALITA COELHO

Eu não sou frágil
como você pensa,
e não sou apenas sexo.
Sou de carne e osso
mas não sou bife.
Minhas curvas são desvios
de desacatos e assobios.

Nos fios óticos

TÂNIA LUÍZA RIBEIRO DE CERQUEIRA

Da saudade arrebatadora
ao silêncio sepulcral
onde o infinito se perde
nas vãs palavras
jogadas ao vento
através dos fios óticos
e mesmo que a distância, essa infame,
seja tão próxima
ela agora é tão longe.
E os pensamentos vagueiam
viagem sem rumo,
certeza quase incerta,
de um desencontro constante
e a verdade não dita
agora é maldita
em qualquer parte do mundo.

O vento do meu amor

TANJA VIVIANE PREISSLER

Na madrugada
No sonho
Teu semblante
Velhos tempos idos,
Vividos, decorridos...
A lembrança perseverante
Do passado que foi presente,
Mas que jamais será futuro...
Aquelas manhãs amenas
De um verão diferente...
Diferente porque é inesquecível.
Verão de felicidade
Felicidade da descoberta
Descoberta do amor!
Tudo foi embora:
O verão, a felicidade,
A descoberta,
E até o amor!
Mas o que permaneceu
Não deixou de existir.
Esse sentimento que
Ultrapassará séculos
Mas ficará marcado no
Vento que nesse instante
Sobrevoa algum ponto do mundo.
Quem sabe a milhas de distância.
Esse vento de um verão
Que marcou a história
De um amor!

As flores

TANJA VIVIANE PREISSLER

As flores lindas do jardim
Enchem minha vida de alegria.
O perfume suave do jasmim
Me faz esquecer a agonia!

As rosas brancas que colhi
Me inspiraram amor e esperança.
O gorjear do bem-te-vi
Me trouxe a paz na lembrança!

O moço triste lá da rua
Me tocou o coração.
Vendo a noite quieta e a branca lua,
Lembrei-me da vida e da emoção!

Observando o roxo da violeta,
Inspirei-me a escrever esta poesia.
Ouvindo na imaginação uma opereta,
Viajei ao mundo da fantasia!

Oh! Natureza e suas flores,
Traga paz a toda gente...
Nos encha de magia e cores,
Como é o amor ardente!

Pandemia I

TÁSSIA HALLAIS VERÍSSIMO

Resolveu que precisava de plantas pela casa
Aquelas pessoas felizes, em suas casas felizes
Que compartilhavam tudo nas telas
Elas tinham filhos perfeitos, artísticos, poetas, músicos
Acho que conseguiriam até construir um prédio de dez andares
Tudo isso aos três anos e meio de idade
Em suas salas perfeitas
De suas vidas perfeitas
Sem medos nem ansiedades
Aquelas pessoas perfeitas, com filhos perfeitos
Tinham samambaias e cactos
Mas cactos grandes. Aqueles pequenos saíram de moda
Talvez se ela, que não tinha filhos perfeitos
Que só tinha uma cachorra que nem sabia o truque de deitar e rolar
Comprasse uma samambaia
Quem sabe seria perfeita
Como a foto editada de um celular.

Pandemia II

TÁSSIA HALLAIS VERÍSSIMO

O café da manhã posto na mesa da sala
que faz as vezes de escritório
A janela aberta, persianas levantadas
em busca de um pouco de ar
O mesmo cenário
Janelas retangulares num edifício retangular
Bege
como a vida em isolamento
como o desencanto com um país que não é
e não sendo nos desampara
Bege Bege Bege
Com a imaginação que me resta
e a sanidade que me falta
pinto cada andar de uma cor
Na reclusão autoimposta
crio um arco-íris.

Contas de oração

TAUÃ LIMA VERDAN RANGEL

O ambiente religioso e austero de um grande templo
São tantos prantos derramados no profundo silêncio
Olhos perdidos, tristes e vagantes que assombram
Por medos e por dores inconfessáveis que assolam

Ai de nós! Pobres homens e mulheres de carne frágil
Em uma vivência tão doída e chorosa, existência ágil
Ao buscarem o consolo para alma, um doce alento,
Encontram ainda mais dores, um choro em lamento

As cabeças se curvam em uma formal reverência
Os joelhos dobrados pelo triste fardo da indolência
Pelo rosto, escorre mais uma solitária lágrima quente
Os lábios sequer confessam os desejos ardentes

As mãos cansadas por uma sina curva e tormentosa
Entrelaçam-se em prece de fé obstinada e ardorosa
Ao tecer, entre os dedos hábeis, mais uma oração
E clamar, com anseio, na intensa busca pelo perdão

As contas circulares se movem de forma apressada
Ao sabor do pedido feito e das lágrimas derramadas
Ao entoarem uma íntima, sincera e mortal confissão
Um lampejo de luz capaz de dissipar a sofreguidão

Mais uma pequena conta dança ao toque da mão
Mais um clamor eleva-se, um pedido de perdão
Tanto arrependimento cobre a face tão chorosa
Vejo tristeza por tantas experiências dolorosas

Outra pequena conta se move ao toque lento
Corre devagar, cada segundo se esvai no tempo
É uma mãe com as marcas de uma existência sofrida
Pedindo pelo filho e por sua perigosa e fugaz vida

Mais uma conta se move em uma terna esperança
Traz à memória uma saudade, uma doce lembrança
De um passado esquecido ou guardado na mente
De tantos sorrisos trocados e planos inconsequentes

A última conta da longa oração baila na velha mão
As lágrimas são enxugadas com tanta mansidão
Admirado, acredito que houve o efeito da oração
Há, finalmente, um pouco de paz para o coração

Espinho na carne

TAUÃ LIMA VERDAN RANGEL

A minha natureza adâmica, caída e tão imperfeita
Clama pelo perdão, pela compreensão escorreita
De uma voz afagando meu coração desesperado
Uma palavra amiga, um conselho tão acalorado

Em sendas largas e fartas, meus pés caminharam
Contudo, em erros e decisões, também tropeçaram
Ferindo-se na caminhada com espinhos doloridos
E despedaçando ferozmente um coração tão ferido

Ai, minhas lágrimas rolam por minha face suada
A boca seca sequer consegue ter a fala expressada
Emudecido pelo sofrimento de uma vida de imprecisão
Cambaleio novamente, caio com a face no chão

Toma conta do meu corpo um maldito sofrimento
Expressando em um choro, contínuo e triste lamento
De uma alma perdida entre labirintos tão obscuros
Gritando sozinha no meio do nada, pavoroso escuro

Resta um espinho na carne machucada, forte ferida
Aprendizados de uma existência fugaz e desmedida
Buscando satisfazer o ego inebriante do corpo mortal
E saciar os desejos impuros de um homem imoral

O espinho penetra minha carne e eu exalo um grito
Revolvendo meu passado, vem à tona um suspiro
De tantos passos maldados, de tantos beijos trocados
De um corpo apenas usado para satisfazer o pecado

Desordem

TSS

Que pensamentos são esses?
Que me levam para longe
E ao mesmo tempo não me tiram do lugar.

Que sentimento é esse?
Que me traz a dor de perceber
E me traz a alegria de saber.

Que respirar é esse?
Que me lembra do passado
E me carrega para o futuro.

Crassamente sinto medo.
Ininterruptamente sinto desejo
E com esse vento sem caminho
Com essa chuva sem sentido
Nessa brisa pensante.

Não sei! Só sei que ainda sinto.
Ainda vejo
Ainda quero
Mas como... como fazer?
É o mesmo caminho?

Tantos falam isso e aquilo
Apenas sigo... sigo em frente
Às vezes, caio. Outras, choro.
Perco-me e ainda não me achei.
Apenas vivo!

19.11.2018

Cobertor

TSS

— Onde você está?
— Aqui!
— Onde?
— Debaixo do cobertor.
— Por quê?
— Porque ele é um escudo, meu protetor. Veja, quando você era criança e tinha pesadelos, onde você se escondia? E quando o inverno vem em sua melhor versão, quem te aquece? No sofá, naquele dia frio de outono em frente à televisão, quem te acalenta?
— Talvez se ficarmos aqui cobertos, nos salvaremos.
— E do que ele nos protegeria?
— Das doenças... das maldades, quiçá, de pessoas repugnantes e de nós mesmos.
— Posso ficar aqui com você?
— Com uma condição, se cubra.
E o cobertor nos abraçou fortemente.
Essa é minha casa.

20/04/2020

Oração

THAIS VITORIANO

Pai
O sol agora está sob minha janela
E as muralhas tornaram-se invisíveis
Pai
No silêncio, tu me diz
Eis que meu amor está contigo
Pai, me transfiro
Ao templo sagrado dentro de ti

O sol está sob a janela
A fé inabalável espera
Meu senhor vem ao meu calço

O tempo assola
Teu amor consola
E consome de dentro das minhas entranhas o medo
Pai
Meu temor e zelo
Carrega tua nuvem sob meus passos

O sol agora abraça o chão
E a sombra da muralha posso ver
Me livre de perecer, me apaga dos inimigos
Pai, fiel amigo
Tens me sustentado para além de mim

O sol se esvai
Como a última gota do orvalho
E a noite transfigura
Tu tens sido a rocha e a água que corre límpida
Saciando a sede e gotejando generosas doses de fé e esperança em nós

A espera do amor que chega

THAIS VITORIANO

Tenho um coração dividido
Entre o amor vivido e um olhar esperado
Tenho olhos que procuram
Na escuridão encontrar os teus
E no breu, se perdem
Sem nunca deixar de olhar

Tenho um coração
Batendo na caixa do peito
Por apelo
Ama, sem se deixar abalar
E embala teu sono ao longe
Encontra, em teu sopro, um novo ar

Tenho aqui dentro
Por assim dizer
Um amor que nunca cessa
Não corre em desventuras
Não aprecia sua pressa
Chega sossegado, assobiando canções

Tenho dentro do peito
Amor pra dois corações
Te guardo sereno
E me assento tranquila para te ver chegar

Vivo assim

THIAGO FERNANDES RODRIGUES

Sigo sem medo de assim ser.
Brincando com o destino,
Eu caminho meu próprio viver;
Levo a vida em meu tino.

Eu espero o porvir de manhã
E a noite eu relembro
Cada passo que dei, gente sã;
Eu não sei se entendo.

Meu futuro incerto me dá
Sentimentos intensos;
Dá a letra que quero falar;
Dá-me tudo o que penso;

Ele ainda não pertence a mim;
É distante e eu mereço,
Mas eu sei que não temo o fim,
Pois é novo começo.

Eu não quero viver sem viver,
Mas eu vivo morrendo.
Mato tudo o que quero esconder
E a aparência mantendo.

Eu, sereno, me deixo entrar
Em mim mesmo, em meus sonhos,
Permito-me aprender a me encontrar
Então, me recomponho.

Reflexões celestes

THIAGO FERNANDES RODRIGUES

Eis um céu para a gente olhar,
Mil reflexões a se passar
Em minha mente a divagar:
Sonhos que não ouso contar.

Esperança é o que me dá
Ver o azul que ali está;
É a angústia que tenho cá
Se afastando para lá.

O céu da noite me encanta;
Põe-se o sol, minha alma canta;
O da noite me acalanta;
Belo é quando o sol levanta.

Astros, estrelas, poeiras
E as constelações inteiras
Aguçam-me pederneiras,
Acende ao peito clareiras.

Colhem-me tudo o que sinto,
Não levem de meu recinto
O amor que agora não minto;
Por ela, um amor sucinto.

A chuva, o rouxinol e o sol

VANDER LIMA

A chuva lá fora sussurrou
Bem baixinho: bom dia!
Pois a chuva é uma linda melodia

E um rouxinol
Do alto do telhado
Todo molhado
Cantarolava notas de alegria
E em seguida partia
Pois um tímido raio de sol surgia

Então, o sol majestoso
Lindo e gracioso dizia:
Acorde!
Seja forte!
Deus nos concede mais um dia
Pois ELE é amor, fé e energia

A chuva, o rouxinol e o sol
São o amor de Deus por nós
É a certeza de que não estamos sós.

Fé

VANDER LIMA

A fé abraçou a cura
E Deus deu abertura
Para o amor fazer morada
No coração de uma linda menina
Franzina, pequenina
Mas repleta de luz
Que diante da cruz
Elevou seus braços
Sem demonstrar cansaço
E fez coleção de amigos
E os enrolou feito laços

E, então, ela engrandeceu
E nos deu
O dom da sua fé
Em meio a sorrisos
Abraços e cafuné.

Parada obrigatória

VANESSA BARBATO RODRIGUES

A vida, condicionada à rotina, segue
sem cor, sem cheiro e sem entusiasmo.
Parece acordada, mas adormece.

Um dia, o inesperado a rotina interrompe,
nos surpreende e nos paralisa,
a parar nos obriga!

O visível, invisibilizado no cotidiano, grita.
As certezas, agora incertas,
incomodam e desestabilizam.

Isolado, o humano, tantas vezes esquecido,
desperta e humanamente se conecta
com o eu, com o outro, com o mundo.

Repleto de contradições outrora não percebidas,
o normal, em sua vil existência, é questionado.
É refletido, afetado e ressignificado.

Os planos, presentes e futuros, são reescritos.
O olhar viciado, infeliz, é redefinido,
sonhos reinventados, reencontros esperados.

Nas coisas simples, antes esquecidas, o prazer encontra seu lugar.
Gestos, singelos, se agigantam,
reacendem a esperança
e em um futuro de possibilidades nos fazem acreditar!

Provocações

VANESSA BARBATO RODRIGUES

Provocam-me as palavras,
as delicadas e as rudes,
as agradáveis e as explosivas,
as ingênuas e as repugnantes.

Cutucam-me insistentemente.
Sussurram baixinho nos meus ouvidos.
Palavras, antes adormecidas, despertam
e atenção imediata requerem!

Vivas e maliciosas, as palavras se exibem
em um desfile polissêmico e plural.
Reivindicam a independência.
Desejam a emancipação.

Escritas, dão vida a ideias, pensamentos e sentimentos.
Destemidas, conquistam o mundo
e seguem...
         ... seguem provocando!

Sobre o príncipe, o Pequeno

VANDA MEDEIROS

Eu nunca fui uma miss
Nem conhecia o príncipe
Assim como elas conheciam
Mas um dia o encontrei,
E ele se tornou a minha rosa.
Foi aí que compreendi que cresci.
E que o tempo que dediquei à minha rosa
Me fez importante demais.
Deixei de ser solitário porque destruí as pontes.
Percebi que na vida é perigoso e insensato
Julgar e avaliar, afinal,
"É uma loucura odiar todas as rosas, por que uma te espetou".
Eu e o príncipe agora
Caminhamos juntos.
Somos responsáveis um pelo outro, porque nos cativamos.
Descobri que as experiências nos trazem lições às vezes tão fugazes...
Aprendi que a gente aprende a perder e também
Entender que o amor dá prazer
Mas também é uma porta para o sofrimento.
Agora, ele está ali, o príncipe
Esperando outra desconhecida.
E eu? Ah! Eu sou o piloto da minha vida
Já sei encontrar o sentido das coisas, e vou por aí...
Em busca dos meus sonhos.

Recluso

VANESSA JULIANA DA SILVA

O silêncio
Dentro em mim
Deu-me o tempo de presente
O tempo presente
O agora incerto
O futuro ausente
O silêncio
Dentro em mim
Deu-me o tempo de presente
O tempo presente
Do abraço subtraído
Do beijo proibido
Do aceno fugidio
Do toque recolhido
O silêncio
Dentro em mim
Deu-me o tempo de presente
O tempo presente
E no tempo do silêncio
Silencio
E distraído
Ouço o grito inaudível
Sem sentido
Era gente
Já sem tempo

Sem passado
Sem presente
Sem os dias pela frente
Gente que de tanto andar silente
Correndo de gente
Já nem sente
Já nem sente

Parkinson

VANESSA JULIANA DA SILVA

O tempo
de outrora
não nos serve mais
Nem mesmo
de ontem
as palavras
são ditas ou escritas
com a mesma precisão
Ora trêmulas
ora firmes
passeiam as mãos
pelos cabelos meus
que afagas
enquanto faço de teu colo
morada
Os olhos
do mundo
já não veem
com nitidez
a matéria
Atravessa a alma
o olhar distante
Outro tempo
Outras palavras
Outros olhares
O amor
resiste
Indelével

Mãe não morre

VÂNIA PERCIANI

Mãe não morre.
Só pinta de ardente
A tarde, o caminho

— O horizonte se faz
Cor de sua voz,
E um cheiro de colo
Espraia-se em luz

— Uma nova mãe
Em mim nasce,

E as três, pelo
Derradeiro tempo,
Dançamos.

Canção selvagem

O

> "Lá estava o unicórnio com seu chifre de cristal, batendo de leve os cascos, pronto para a partida. Desta vez o rei não temeu. Levou-lhe a mão ao pescoço, alisou o suave azul do pelo, e de um salto montou."
>
> **Marina Colasanti**

Pateio a floresta de cores e cheiros.
Sons de ecos e bulhas nas sombras
Clamam a lua em meu sangue.

Agarro a árvore do sonho.
Incendeia-me o tronco pulso e seiva,
Infinito vermelho nascente marrom.

Tenho sede. E mergulho no poço!
Hermenêutica minhas pernas,
As tuas: decifra-me, ou devoro-te!

Tua voz no tempo. Tua voz o vento
Raiando em febre música nas veias
— Nuvem turíbulo me encobre!

Tudo quanto vive nasce além tempo.
Toco-te para não teres mais corpo,
Toca-me, para que em ti eu me extinga,

Para que de novo nasçamos
Tempestade, pele, queixume,
Remoinho, nova e pó!

A noite se despe, orvalha.
O céu a pássaros rescende.
O dia floresce a terra e o céu.

Ampulheta

VITOR F. M. DE MORAIS

Somos a gota que a nuvem abraçou,
mas o vento levou e choveu.
Somos o grão de areia que se uniu ao castelo,
mas a onda veio e desprendeu.
Somos a letra que não conseguiu dar as mãos para a outra
                                                                   e ficou fora do poema.

Somos frágeis demais.
E, mesmo assim, somos tudo.
Somos essa bagunça que se espalha na
l i n h a   d o   t e m p o.

Nuvem cinza

VITOR F. M. DE MORAIS

Amor, fique em paz, já que a tristeza é passageira.
De nada adianta meu cafuné no seu cabelo bagunçado.
Ou meus braços tentando envolvê-lo.
Ou meu afago entre os seus silêncios.
De nada adianta.
A tristeza é aquela visita inesperada num domingo à tarde.
Aparece sem avisar. E ainda é espaçosa.
Eu só peço para você ficar.
Mesmo que eu arrume o cabelo.
Ou tire suas mãos de mim.
Ou continue quieto.
Não vá embora.
A tristeza é uma nuvem cinza na frente do sol.
Meu coração nublado não é sobre você.
É sobre esperar passar.

Ter sem sentido

WESLEY LYEVERTON CORREIA RIBEIRO

Ainda me caem na memória tuas juras de amor eterno
Teu olhar ardente que me consumia sem piedade
Numa quase súplica por carinho
Sinto teus cabelos valsando ao querer dos ventos
E tua boca de uma maciez embriagante a me trazer delírios
E a viver-te em plenitude

Sinto o perigo da tua presença
A amargura da tua ausência
E até a palavra que nunca me dissestes
Sinto teu cheiro adocicado ao chegares
E o amargo da despedida naquele desesperador adeus
Ainda sinto

Sinto que te encontrarei
Em um desencontro qualquer
Numa escura beira de esquina
Sim, ainda estou a sentir
Pois é sentindo que te tenho
Em um ter sem sentido.

22/03/2020 - reclusão Covid-19

Umbigo

WESLEY LYEVERTON CORREIA RIBEIRO

Lá é minha terra,
Que, como eu,
Ama em silêncio
Cujos ventos dançam em percursos incertos,
Quebrando a monotonia do viver
E resvalando em vastas amplitudes de memória

Na minha terra,
Os sentimentos penetram em cada fresta
Inundam de saudade cada andança que fiz
E as que não fiz
Desde as porteiras
Ao cheiro das ervas na cozinha

Quanto saudosismo tenho por ela
Vontade de possuí-la em demasiado
Constante querer
Decerto que lá, em algum rincão, está meu umbigo
Em escavação rasa
Mas fincado em quieto silêncio de saudade.

Madrugada de 28/05/2019 - à minha mãe

O poetar da inspiração
(soneto)

WILLAME COELHO ALVES FILHO

A ARTE INDUZ A CALMA
NA LINHA DA PROPORÇÃO,
SEGUE TRILHAS COMO MEDALHA
IMPONDO VERSOS NA INSPIRAÇÃO.

O SANGUE FERVE LATENTE
TRÂNSITO DE PALAVRAS VIAGEM,
EM SINALIZAÇÕES COMOVENTES
VERSOS LIVRES ESPALMAM!

ASSIM É O POENTE
TANTO É PASSADO
BEM COMO O PRESENTE,

ABSORTO NO ESPAÇO
PENSO QUE DE FORMA COERENTE
O DELEITE ENCANTO QUE EU PRÓPRIO FAÇO!

Fragrância do Amor

(poema)

WILLAME COELHO ALVES FILHO

NA TUA SIMPLICIDADE,
SENTI O AROMA DO AMOR,
PERFUMANDO-ME DE SONHOS,
DEIXANDO OS TEMPOS RISONHOS
NA ESSÊNCIA DO SENHOR.

E A TUA SIMPLICIDADE
A TUA MEIGUICE É FLOR
QUE DESABROCHA CANTANTE
NO SORRISO RADIANTE
DAS BELEZAS DO SENHOR.

ALEGRE SEI QUE ÉS:
A TRANSPARÊNCIA DO AMOR;
ENQUANTO SENDO MARRENTA,
NO JARDIM DE DEUS OSTENTAS
OS CUIDADOS DO SENHOR.

A SINCERIDADE ÉS:
DOCE ESSÊNCIA DO AMOR,
QUE TE ENFEITA, A PERFUMAR-TE,
LINDA MULHER FLOR,
COM O PERFUME DO AMOR!!!

Quem dera!

ZENILDA RIBEIRO DA SILVA

Quem dera,
Nesses dias sombrios
Acalmar o teu coração
Afagar a tua alma
E te dizer: tenha calma.
Aquiete-se, respire, se inspire.

Quem dera,
Que minhas palavras pudessem
Chegar aos quatro cantos e fizessem
Um barulho tão grande
E um silêncio tão profundo
Tocando os que não posso abraçar
Abraçando os que não posso tocar.

Quem dera,
Que a gente acordasse
E que alguém bem alto gritasse:
Vem, tudo já passou.
O povo às ruas voltou
O amor entre nós se encarnou
E o mundo se humanizou

Não teremos mais o terror
Mas teremos de volta o temor
Não teremos mais a morte que assusta
Mas saberemos o quanto nos custa
A ganância e arrogância de muitos.
Que acreditam no poder e no ter
Mas uma epidemia não conseguem deter.

Procurando versos

ZENILDA RIBEIRO DA SILVA

Procuro versos
Que sejam leves
Que levem ternura
Palavras que curam

Procuro versos
Que sejam belos
Que tragam elos
De paz às criaturas

Procuro versos
Que tragam cores
Retirem as dores
Adicionem sabores

Procuro versos
Perdidos no ar
Submersos no mar
Capazes de acalmar

Procuro versos
Os mais diversos
Até nos reversos
Deste grande universo.

Procuro versos
Perdidos no silêncio
De quem, na demência,
Vai perdendo a consciência.

Procuro versos
Que levem abraços
Refaçam os laços
Retirem o cansaço

Procuro versos
Que aliviem da saudade a dor
Preenchendo os vazios de amor
Que esta pandemia em nós deixou.

Procuro versos
Capazes de transbordar bondade
De promover a solidariedade
De construir nova sociedade.